Zu diesem Buch

In den Alpen trennt sich die Spreu vom Weizen. Spätestens am Tag der Königsetappe mit fünf Bergen wird es sich zeigen, ob der Leader des Teams Telekom sich wieder an die Spitze setzen kann. Doch Fanatiker wollen den deutschen Spitzenfahrer zum Sturz bringen. Aber nicht der Schutzengel der Velozipedisten hält schützend seine Hand über den Jungstar, sondern neun radsportbegeisterte Amateure. Nach dem ersten Attentatsversuch startet eine einzigartige Etappe in der Geschichte der Tour der Leiden: die Rettung des ersten deutschen Tour-de-France-Siegers.

«Best of Foul Play» präsentiert die Top-Krimis zu den sportlichen Events 1998. Jan Ullrich hat im letzten Jahr mit seinem Sieg bei der Tour de France dem Radsport in Deutschland zum Durchbruch verholfen. Sein zweiter Versuch, die Tour der Leiden zu bezwingen, wird mit Sicherheit zu einem gigantischen Medien-Ereignis. Norbert Klugmann, der sich mit seinen Sportreporter-Krimis bereits profiliert hat, zieht mit diesem Sportkrimi auch den hartgesottensten Velo-Aficionado in den Bann.

Norbert Klugmann, geboren 1951 in Uelzen, lebt seit 1970 in Hamburg. Seit 1976 ernährt er sich vom Journalismus und von der Literatur.

Bisherige Veröffentlichungen: «Schweinebande» (Nr. 43175), «Treibschlag» (Nr. 43238), «Doppelfehler» (Nr. 43228) und «Zielschuß» (Nr. 43241), außerdem die Romane «Neuschwanstein» und «Hallo, Nachbarn!» (beide Haffmans) und «Die Mühlen des Teufels» (Hoffmann & Campe).
Zusammen mit Peter Mathews schrieb er «Beule & Co» (Nr. 43101), «Ein Kommissar für alle Fälle» (Nr. 42700), «Die Schädiger» (Nr. 42771), «Tote Hilfe» (Nr. 42973), den Weihnachtskrimi «Eine schöne Bescherung» (Nr. 43220) und «Vorübergehend verstorben» (Wunderlich).

Norbert Klugmann

Tour der Leiden

– BEST OF FOUL PLAY –

rororo

ROWOHLT

rororo thriller
HERAUSGEGEBEN VON BERND JOST

Originalausgabe
Veröffentlicht im Rowohlt Taschenbuch Verlag
GmbH, Reinbek bei Hamburg, Juni 1998

Redaktion Peter H. Hetzel
Umschlaggestaltung Walter Hellmann
(Foto: TONY STONE IMAGES / Chuck Pefley)
Satz Bembo PostScript (PageOne)
Gesamtherstellung Clausen & Bosse, Leck
Printed in Germany
ISBN 3 499 43324 9

PROLOG

«Komm schon, Junge, das schaffst du! Das schaffst du! Er schafft es! Er hat es geschafft! Er hat die Etappe gewonnen. Jetzt gewinnt er alles!»

Wie besessen schlug KaDe auf alle Schultern in seiner Nähe. Kevin, der aufgeregt im Raum herumgelaufen war und nun am Fenster stand, sagte erschüttert: «Er hat das Ding gewonnen. Die härteste Etappe von allen. Wahnsinn.»

«Was ist mit dir los, Willi?» rief Nicoletta. «Dich läßt das alles kalt, was?»

Willi saß im Sessel und wirkte, als würde ihn das Geschehen auf dem Bildschirm nicht interessieren. «Ihr habt ja keine Ahnung», sagte er so leise, daß es in der allgemeinen Euphorie unterging. «Ihr habt ja keine Ahnung.»

KaDe sagte: «Dieser Ullrich kommt von einem anderen Stern. Habt ihr gesehen, wie der den Berg hochgezogen ist? Bei dieser Steigung?»

Sie hatten es alle gesehen, weil sie sich extra für diesen Zweck vor dem Bildschirm versammelt hatten.

«Ich sag euch, der gewinnt die Tour. Als erster Deutscher. Wahnsinn», murmelte Kevin.

«Was redest du da die ganze Zeit?» rief KaDe in Richtung Sessel.

Und Willi erwiderte etwas lauter: «Ich habe gesagt, im nächsten Jahr sind wir dabei.»

«Du willst zur Tour? Live?»

«Live und in Farbe. Ich will diesen Ullrich sehen. Und alle anderen Cracks auch. Im nächsten Jahr bin ich dabei.»

«Okay», sagte KaDe. «Das weiß man ja, was aus solchen Schnapsideen wird.»

«Wieso Schnapsidee?» sagte Willi und hielt seinen Becher in die Höhe. «Ich bin stocknüchtern. Kaffee. In zwölf Monaten sprechen wir uns wieder.»

1

Die Tür ging auf, und der Bürgermeister begann zu lächeln.

«O nee, was'n widerlicher Kerl», sagte Nicoletta. «Paß auf, gleich breitet er seine Arme aus.»

Im nächsten Moment breitete der Bürgermeister seine Arme aus.

«Geh mir aus dem Weg», knurrte der Mann mit dem Fotoapparat und schoß den Bürgermeister ab. Sonny schob dem Schützen das Fahrrad vor die Schuhe. Der Fotograf geriet ins Straucheln, Sonny hauchte den Titanlenker an und polierte ihn hingebungsvoll mit dem Ärmel seines Trikots.

Der Bürgermeister stand den Fahrern gegenüber. Sein Vize war auch zugegen, des weiteren der stellvertretende Oberkreisdirektor sowie vier der sechs örtlichen Dezernenten. Natürlich war auch der Erste Vorsitzende des Post-Sportvereins anwesend und trat vor Aufregung von einem Fuß auf den anderen. Die neun Radfahrer, alle standesgemäß gekleidet, die meisten im Telekom-Trikot, warteten neben ihren Maschinen.

«Bürgerinnen und Bürger», sagte das Stadtoberhaupt, «meine lieben Freunde. Seit einigen Tagen läuft wieder die Tour de France, die bedeutendste Straßenrundfahrt der Welt. Alle Zeitungen sind voll davon, das Fernsehen berichtet jeden Tag. So eine ausführliche Liveübertragung gab es nur bei der ersten Mondlandung.»

«Leider haben sie dich damals nicht mitgenommen und da oben vergessen», knurrte Nicoletta leise. Aber nicht zu leise.

«Die ganze Welt verfolgt die Radsporthelden, und jeder will unsere Stars vom Team Telekom schlagen.»

Vereinzelt Pfiffe und Gejohle, KaDe zog sein magentafarbenes Trikot über dem Bauch glatt.

Der Bürgermeister fuhr fort: «Jeder kennt Jan Ullrich und Erik Zabel und Bjarne Riis. Aber wer kennt Uelzen?»

«Die Uelzer», rief ein vorwitziger Passant und freute sich wie Bolle.

«Seien wir ehrlich, liebe Mitbürger: Wir könnten ein bißchen Publicity gut gebrauchen. Deshalb bin ich besonders froh, hier und heute das Team unseres Post-Sportvereins verabschieden zu dürfen. Neun Pedalritter, alles lupenreine Amateure, radeln nach Frankreich, um unsere Jungs anzufeuern. Eine geniale Mischung aus Gesundheit und Völkerverständigung. Denn radfahren ist gesund, und ich hoffe doch sehr, daß ihr bei unseren französischen Freunden einen guten Eindruck hinterlassen werdet.»

Tilo drehte sich zu Sonny um und sagte: «Hast du gehört? ‹Guter Eindruck bei den Franzmännern›. Das schließt die Franzfrauen ein. Also bleiben die Hosen oben, klaro, Monsieur Casanova?»

«Ich bin Leistungssportler», sagte Sonny. «Während des Rennens denke ich nur ans Rennen.»

Der Bürgermeister, der mit seiner Rede noch nicht fertig war, machte mit hektischen Handzeichen auf sich aufmerksam, aber nun trat der Vorsitzende des Post-Sportvereins einen Schritt nach vorn und sagte: «920 Kilometer.» Danach sagte er längere Zeit nichts mehr und dann: «920 Kilometer beträgt die Entfernung zwischen unserer norddeutschen Heimatstadt und den Alpen, in denen die Helden der Tour in den nächsten Tagen übermenschliche Leistungen vollbringen werden. 920 Kilometer werden unsere Freunde absolvieren, und das in nur fünf Tagen. Ich behaupte: Das ist Spitze.» Schweigen. Dann schwacher Beifall. Gegen Ende wirkte das beredte Schweigen des Vorsitzenden ziemlich eingeschnappt. Dann sagte er feierlich: «Völkerverständigung und sportliche Ertüchtigung, gibt es ein schöneres Paar in dieser unserer Zeit?» Er überhörte die feixenden Passanten und fuhr fort: «Ich betone noch einmal: Willi Gerstenberg und seine Mitstreiter, unter denen ich besonders Frau Nicoletta Kracht und unser Nachwuchstalent Gerstenberg junior hervorheben möchte, sind Amateure, Freizeitsportler. Trotzdem zögere ich nicht, sie ‹Helden der Landstraße› zu nennen. Sportkameraden, ihr habt euch viel vorgenommen. Ich wünsche auch allzeit gut Luft im Reifen und einen dritten Lungenflügel. Kündet der großen weiten Welt von unserer schönen Heimat. Und falls ihr Jan Ullrich begegnen solltet: Haltet euch zurück! Laßt ihm den Vortritt! Ihr wißt, wie sensibel Helden sind!»

Höflicher Beifall. Der Bürgermeister trat ins erste Glied. Zweifellos wollte er Willi die Hand schütteln und guckte dumm aus der Wäsche, als schon der Vorsitzende des Post-Sportvereins die Hand von Willi umklammert hatte. Der Bürgermeister reagierte mit der Pfiffigkeit, die ihn im kommunalpolitischen Bereich auszeichnete: Er schüttelte Nicoletta die Hand, nach ihr allen anderen und am Ende auch Willis Hand. Bei Kevin verweilte er, kniff dem Knaben in die Backe und sagte: «Aus dir wird mal ein ganz Großer. Kein Wunder bei dem Vater.»

Kevin knurrte: «Treten muß ich selber.» Um ihn herum hob Abschiednehmen an. Dem Bürgermeister fiel auf, daß sich Ehe- und Lebensabschnittspartner rar gemacht hatten. Aber jetzt war nicht Zeit noch Gelegenheit, pikante Fragen zu erörtern. Die Pedaleure wurden zum Start gebeten, zwischen zwei Masten über den Köpfen ein Transparent mit dem sinnigen Aufdruck «Start» und dem Namen eines stadtbekannten Spirituosengeschäfts. Sie hatten auch die populärste bildende Künstlerin des Orts eingeladen, ein spätes Mädchen mit unvorteilhafter Frisur, deren Bilder aussahen, als habe sie vergeblich versucht, die Leinwand im letzten Moment sauberzuwischen. Die Malerin bekam eine Pistole in die sensible Hand gedrückt, die sie abschießen sollte. Aber erst klemmte der Hahn, dann mußte der Fotograf herbeigeschafft werden, der sich zwischenzeitlich in ein nahe gelegenes Stehcafé davongestohlen hatte. Erneut Lächeln, Händeschütteln, die neun Radfahrer bestiegen die Maschinen, es knallte, das späte Mädchen sagte «huch», und begleitet von Klatschen, rollten die neun Freizeitsportler vom Rathausvorplatz auf die Hauptstraße. Ein Streifenwagen bildete die Vorhut. Nicoletta sagte: «Ich geniere mich ja so.» Aber Zacharias sagte: «Beiß die Zähne zusammen. Gleich sind wir in Freiheit.»

Am südlichen Stadtrand blieben die Kinder zurück, die den Troß vom Start weg begleitet hatten. Mit mäßiger Geschwindigkeit radelte die Gruppe auf dem zementierten Weg, der parallel zur Bundesstraße verlief.

Acht Kilometer weiter bogen sie auf eine kleinere Straße ab, die bald in ein Dorf führte. Angesichts des Ortsschilds ging mit den Fahrern eine dramatische Veränderung vor sich. Sie begannen zu sprinten, die Oberkörper weit nach vorn, mächtig der Tritt, die Arme rissen am Lenker. Willi, Kevin und Sonny machten den Sieg unter sich aus. Am Ortsschild vorbei rollten sie ins Dorf hinein und gleich nach rechts zum Bauernhof. Am Mercedes-Lieferwagen und dem VW Sharan kamen sie zum Halten. Ein Dutzend Frauen, Kinder und ein Mann begrüßten die Sportler.

«Danke, meine Liebe», sagte Willi und berührte die Wange seiner attraktiven Frau.

Sie lachte und sagte: «Dafür nicht.»

Tilo, dessen Rad gerade in den Mercedes verladen wurde, sagte: «Dafür also nicht. Wofür denn dann?»

Marita Gerstenberg blickte ihn an, sagte aber nichts. Willi blickte seine Frau an. Auch er schwieg.

Als alle Räder im Bauch des Mercedes verschwunden waren, gab es einen kurzen Streit, wer in welchem Wagen mitfahren sollte. Drei Personen mußten in den Lieferwagen, sie fühlten sich degradiert und bezeichneten die Sitzbank im Materialwagen als «dritte Klasse». Erst als Willi und Kevin freiwillig in den Mercedes kletterten, wurde es ruhiger. Zacharias machte den dritten Mann.

Dann der Abschied. Man küßte, umarmte, streichelte über Wangen, und Sonny sagte zu seinem Schatz, einer stadtbekannten Kellnerin: «Ich ruf dich jeden Abend an. Hast du schon mal Telefonsex gemacht?»

Bei diesen Worten hielt er vielsagend sein Handy in die Höhe.

«Benehmt euch», rief Willi. «Wir haben Kinder unter uns.»

«Ich weiß, was Telefonsex ist», sagte Kevin im Bemühen, erwachsen zu erscheinen, und rief kollektives Spottgelächter hervor.

Zacharias steuerte den Materialwagen, Tilo den Sharan. Die Zurückbleibenden bildeten eine Gasse. Unter Winken und Hupen bogen die Fahrzeuge auf die Straße.

2

Auf der vorletzten Flachetappe schlug noch einmal die Stunde der Sprinter. Cipollini und Zabel wurden von ihren Mannschaften beizeiten nach vorn gefahren, wo sie im Schutz der breiten Kameradenrücken bis kurz vor dem Ziel überwinterten. 20 Kilometer nach dem Start waren acht Fahrer ausgerissen und durften 150 Kilometer von einem Etappensieg träumen, dann schluckte sie das Peleton. Bjarne Riis machte einen Fehler beim Pinkeln, das kostete ihn 50 Franken Strafe, weil der Däne nicht den vorgeschriebenen Diskretionsabstand zu den Zuschauern eingehalten hatte. Zwei Kilometer vor dem Ziel wurde die rasende Kavalkade noch schneller. Wer nicht mitsprinten wollte oder konnte, zog sich aus der Frontlinie zurück. Jan Ullrich und Rolf Aldag zogen mustergültig für Zabel den Spurt an. 500 Meter vor dem Ziel begann einer der jungen Belgier wild zu schlenkern. Zwei Fahrer saßen in der sich plötzlich schließenden Lücke zwischen dem Belgier und den Absperrgittern fest, kollidierten erst miteinander und danach mit allen Fahrern, die nicht ausweichen konnten. Die Stürze waren fürchterlich, die Geschwindigkeit betrug 65 km / h.

400 Meter vor dem Ziel hatte sich Svorada gelöst. Wie an der Perlenkette aufgereiht, hing ihm ein Schwanz von zehn Fahrern am Hinterrad. Aber die Gefahr kam von links. Zabel und Cipollini Ellbogen an Ellbogen. Beide fuhren Wellen, jeder weitere Meter konnte zum Zusammenstoß führen. Aber sie berührten sich nicht, und Svorada war immer noch vorn. Der letzte Kilometer brettflach, keine Steigung, die für viele Sprinter Gift ist. Svorada, Svorada, links Zabel und Cipollini, Cipollini, Zabel ist weg, Svorada oder Cipollini, Svorada oder Cipollini. Cipollini! Cipollini gewinnt die zehnte Etappe der 85. Tour de France.

Als alle um die beiden Tische versammelt waren, die sie zusammengeschoben hatten, brachte Willi einen Toast auf KaDe aus. «Unser Quartiermacher, er lebe hoch!» Keiner, der nicht aus vollem Herzen zugestimmt hätte. Der Gasthof war klein und keineswegs luxuriös, aber seine Lage himmlisch, und das Weingut gehörte dem Wirt persönlich. Eine Handvoll Kilometer südlich von Heitersheim im Markgräfler Land, die französische Grenze zum Greifen nahe. Noch näher waren nur die Gläser mit dem trocknen Weißherbst und die kleinen Leckereien, die ihnen die Wirtsfrau auf die Schnelle gezaubert hatte. Seit der Gründung der Gruppe vor vier Jahren war KaDe für die Quartiere verantwortlich. Obwohl er es heftig abstritt, hatten ihn alle im Verdacht, daß er die Gasthöfe vorher heimlich testete. KaDe mochte keine großen Hotels, in denen, wie er behauptete, die Seele verlorenging. Er mochte auch keine piefigen Betriebe, in denen Schleiflackmöbel vom Kleingeist der Besitzer kündeten. Vor allem achtete KaDe auf gutes Essen und gutes Trinken. Im Südwesten konnte man in dieser Hinsicht nicht viel falsch machen. Die in der norddeutschen Diaspora oft genug gepeinigten Geschmacksknospen der Radfahrer lebten südlich des Mains auf. Einmal im Jahr gönnten sich die «Indurains» eine mehrtägige Fahrradfahrt ins Grüne und Blaue. In den vergangenen Jahren hatten sie die Mecklenburgische Seenplatte beradelt, die Donau im deutsch-österreichischen Grenzgebiet besucht und einige Etappen der Sachsen-Rundfahrt bewältigt.

KaDe wischte sich den Schweiß vom Gesicht und sagte: «Viel zu heiß, um Wein zu trinken.»

«Morgen soll's kühler werden», sagte Alexander.

Willi verzog das Gesicht. «Gefällt mir gar nicht. Sonne ist Jans Wetter. Er ist doch so empfindlich. Kriegt einen Schnupfen, und peng.»

«Ein guter Fahrer ist bei jedem Wetter ein guter Fahrer», erwiderte Nicoletta.

«Mein Reden», brüstete sich Sonny. «Ein guter Lover bringt es bei jeder Frau.»

Stöhnen in der Runde. «Habt ihr Glutamat für unseren Hengst vom Dienst eingepackt?» fragte Tilo.

«Wie heißt eigentlich Hengst auf französisch?» fragte Sonny nachdenklich.

«Monsieur de Gaulle», sagte Blumencron, ohne eine Miene zu verziehen.

«Aha», sagte Sonny beeindruckt. «Muß ich mir merken.»

Mit dem Nachmittag zog milder Schatten in den Garten ihrer Pension. Die neun dämmerten genußvoll dahin. Willi, dem die Probleme in der Firma zuletzt bis in den Schlaf gefolgt waren, spürte, daß ihm eine alte Fähigkeit abhanden zu kommen drohte. Bisher war er stets imstande gewesen, berufliche und private Mühlsteine schon am ersten Tag in einer neuen Umgebung abzuwerfen. Willi war es gewesen, der damals die Gründung der «Indurains» betrieben hatte. Angefangen hatte alles als Vatertagstour der Keglergruppe. Kaum hatten sie im Sattel gesessen, beklagten die ersten lautstark wundgescheuerte Arschbacken oder schmerzende Dauererektionen. Nach maximal 25 Kilometern hatten sie eine Gaststätte gestürmt und sich unter die Tische gebechert. Willi fühlte sich zu fit für diese Altherrentouren. Der letzte Check-up in der Nordseeklinik hatte ihm seine edlen Werte bestätigt. Alles im grünen Bereich, nur zwei Schatten: eine leichte Rhythmusschwäche des Herzens und ein Cholesterinwert von 375. Willi nannte das erblich, sein Arzt bedenklich. Willi lebte gesund, er stellte keine Addition von Risikofaktoren dar wie die meisten Bekannten in seinem Alter. Vielleicht war er einen Tick zu ehrgeizig. «Asketen sind humorlos», behauptete seine Frau.

Willi liebte die gemeinsame Zeit mit den Freunden. Eine knappe Woche war die richtige Länge, um miteinander warm zu werden, aber sich noch nicht auf die Nerven zu gehen. Fünf Tage kitzelten die Stärken heraus. Jeder legte, ob bewußt oder unbewußt, Wert darauf, sich positiv darzustellen. Nach 14 Tagen rückten Schwächen und Neurosen in den Vordergrund. Früher war Willi die treibende Kraft in der Radsportabteilung gewesen. Aber seitdem die Firma sein Leben auf ungute Weise beherrschte, fiel er für die regelmäßigen Termine oft aus. Die jährliche Tour mit den «Indurains» würde er sich allerdings nicht nehmen lassen, nie. «Und wenn ich morgens Konkurs anmelde, an dem Tag, an dem wir losfahren, bin ich dabei.» Seine Frau hatte ihn so angesehen bei diesen Worten. Sie sah ihn nicht mehr häufig an. Er mußte nehmen, was er kriegen konnte. Aufträge in der Firma, Blicke in der Ehe.

Willi durchbrach die allgemeine Schläfrigkeit und sprach über den Ablauf des nächsten Tages. Sie mußten dazu Alexander von den Maschinen zurückrufen, wo er einer Opelladung Touristen die Feinheiten von Tilos Karbonrahmen verklarte. «8000 Mark!» rief er den Touristen zu. «Das ist zwar Wahnsinn, aber der Wahnsinn hat Methode.»

Morgen wollten sie per Fahrrad nach Frankreich hinein und weiter in Richtung Alpen. Ihr Plan war, vor den Profis einige Abschnitte der Bergetappen abzufahren. Alle freuten sich darauf, den Zirkus der Tour endlich einmal leibhaftig mitzuerleben. Die Übertragung der heutigen Etappe im Fernsehen hatten sie sich geschenkt. Nur Tilo gab zu, auf seinem Zimmer kurz hineingesehen zu haben. «Ich mußte ja sowieso telefonieren», sagte er und blickte dabei Willi nicht an. Für den war das entlarvender, als hätte Tilo ihm ins Gesicht geblickt.

Für den Schluß hatte sich Willi noch ein Schmankerl aufgespart: «Wir fahren nach Badenweiler. Liegt gleich um die Ecke. Die haben ein tolles Thermalbad. Letzte Gelegenheit zum Lokkern der Muskeln. Abfahrt in zehn Minuten.»

3

KaDes Bypassnarben waren die Sensation. Einige mochten gar nicht hinsehen. Aber Blumencron bat darum, die Narben mit den Fingern entlangfahren zu dürfen. Nicoletta fragte mißtrauisch: «Gehörst du irgendeiner weltanschaulichen oder sonstwie ekligen Gemeinschaft an? Ist doch nicht normal, so ein Wunsch.»

Aber KaDe erlaubte es ihm.

Weil es ein warmer Abend war, ging es den meisten Gästen mehr um Erfrischung als um Gesundheit. Sonny ging es um Leistung. Die Art, wie er durch das Becken pflügte, rief bei den anderen, zumeist älteren Besuchern, erst Befremden, bald aber Protest hervor. «Geh mal hin und brems unseren Dynamo», sagte Alexander, der die Liege neben Willi hatte.

«Warum ich?» fragte Willi.

«Weil er auf dich hört.»

«Das wüßte ich.»

«Ich weiß es.»

Zacharias war mit Kevin in den Katakomben der Therme unterwegs, dort, wo tagsüber Kosmetikerinnen, Masseure und Ernährungsassistentinnen ihr wohltuendes Werk verrichteten. Kevin zog es in die Sauna. «Ich find es geil zu schwitzen. Deshalb finde ich auch Sport so toll.»

Zacharias konnte sich etwas Schöneres vorstellen als den Besuch einer Sauna im Juli. Aber Kevin wollte unbedingt in die Sauna. Als er vor Zacharias stand und ihn mit treuherzigem Augenaufschlag anbettelte, doch mitzukommen, war Zacharias gerührt und versagte sich nicht.

Kevin war sofort nackt und sagte kichernd zu dem 35 Jahre älteren Zacharias: «Wenn jetzt einer kommt ... und wenn hier keine Sauna wäre ...»

«Dann ...?»

«Dann würden sie dir einige Fragen stellen. Ich bin immerhin ein Kind.»

«So siehst du aber nicht aus.»

«Findest du, daß ich gut aussehe?»

«Du siehst aus wie ein Athlet. Aber wer so gut radfahren kann ...»

Kevin stand dicht vor Zacharias. Der Junge freute sich, wenn man ihn als Talent bezeichnete. In diesem Moment war er nichts anderes als ein gutgelauntes Kind, das sich auf dem Rücken kratzte. Aber Zacharias dachte immer nur eins: ‹Geh weg. Geh sofort weg von mir. Einen Meter. Zehn Meter.›

Die Sauna war kalt.

«Mist», sagte Kevin enttäuscht. «Dann denke ich mir eben, daß es warm ist. Kommst du trotzdem mit?»

Zacharias folgte dem Jungen, nahm im Vorbeigehen ein Badetuch für sich mit. Dann saßen sie nebeneinander auf der Holzbank. Kevin, immer noch nackt, im Gegensatz zu Zacharias, berichtete vom Galibier, dem ersten Berg, den sie erleben würden. «Den schaffe ich garantiert nicht», sagte er. «Sieben Prozent Steigung. Weißt du, wie brutal sieben Prozent sind? Im Auto kriegt man das ja gar nicht mit. Aber wenn du unten stehst und guckst dir an, wie das hochgeht ... Mein Vater sagt, es gibt Radfahrer, die müssen sich jedesmal übergeben, wenn sie einen Berg raufmüssen, den sie eigentlich hassen.»

Bald redete Kevin nicht mehr so viel, verstummte dann ganz, hatte auch die Augen geschlossen. Zacharias wagte es, ihn anzusehen. Aber er war auf der Hut. Er wußte, was er im Ernstfall sagen würde. Er breitete das Badetuch über Kevin, der zog es um seine Schultern. Es war ruhig, es war schön.

Dann war es nicht mehr ruhig. Stimmen von draußen. «... albern, darauf zu warten, daß er einen schwachen Tag hat. Jeder hat einen schwachen Tag. Auch Virenque. Dann steht es wieder unentschieden.»

Die zweite Stimme: «Doping?»

Die erste Stimme: «Vergiß es. Wenn einer den Gott der Telekom abschießt, werden sie sich rächen. Wir wissen alle zu viel voneinander.»

«Also deshalb ...»

«Die ideale Lösung. Quadratisch. Praktisch. Gut.»

«Auch sicher?»

Lachen. «Sie fahren den Galibier hinauf. Rechts und links 10000 begeisterte Zuschauer. Einer ist etwas zu begeistert, aber da ist es schon passiert. Vive la France! Das Deutsche Reich am Boden.» Häßliches Lachen.

«Und er wird es tun, tatsächlich tun?»

«Es müßte mit dem Teufel zugehen.» Lachen.

«Weil du so schöne braune Augen hast?»

«Weil ich so schöne blaue Scheine habe. Du kennst die Deutschen. Ein Volk der Kaufleute. Primitiv, abstoßend, erfolgreich.»

«Und du? Wofür tust du es?»

«Für die Ehre der Nation. Die große Schleife heißt Tour de France und nicht Made in Germany. Ich will, daß man das dem Sieger ansieht ... Da vorne lungert schon wieder einer der Senioren herum. Laß uns lieber ...»

Schritte, die sich entfernten.

Kevin wollte den beiden hinterher, aber Zacharias hielt ihn am Arm zurück. Er wartete einige Sekunden, dann lief er los, spürte Kevin dicht hinter sich. Sie suchten ihren Weg durch das Gewirr der Gänge, die zu den verschiedenen Abteilungen führten. Dann die Sackgasse! «Mist, verdammter!» Sie standen vor der Nottür, zurück, eine betagte Dame im farbenfrohen Badeanzug wurde fast aus den Latschen gekippt. «Wie kommen wir hier raus?» rief Zacharias, aber die Dame starrte nur Kevin an. «Zieh dir endlich was an», knurrte Zacharias und lief los.

Das Foyer der Therme war menschenleer bis auf die Frau am Informationsschalter.

Zacharias rief: «Wo sind die beiden hin?»

«Meinen Sie die Radfahrer?»

Er nickte auf Verdacht, sie wies zum Ausgang. Zacharias lief. Hinter ihm kläffte ein Hund, er hatte in der Therme nie einen Hund gesehen.

Als sie ins Freie kamen, fuhr der Bus vor. Er war blauschwarz, kam aus Frankreich, er war leer und groß und versperrte die Sicht. Zacharias lief bergab nach links, Kevin hielt sich rechts, wo die ansteigenden Straßen weiter ins Kurviertel hineinführten. Als sie sich wiedertrafen, sagte Kevin: «Ich wollte gleich raus. Aber du hast mich festgehalten. Das haben wir jetzt davon.»

Zacharias klopfte an die Bustür, sie öffnete sich geräuschlos. «Haben Sie zwei Männer gesehen? In Radfahrerklamotten? Sind gerade aus der Therme gekommen.»

Der Fahrer blickte ihn an und sagte etwas auf französisch. Kevin drängte sich vor und redete mit dem Fahrer.

«Arschloch», knurrte Zacharias. «Was fährt der nach Deutschland, wenn er kein Deutsch kann?»

20 Minuten später saßen sie auf der Terrasse des Cafés mit Blick auf die Therme. Zacharias war dermaßen aufgeregt, daß er alles zweimal erzählte. Als die Reaktion der anderen nicht so ausfiel, wie er sich das vorgestellt hatte, rief er aufgebracht: «Ist das alles? Mehr habt ihr nicht dazu zu sagen?»

Sonny sagte: «Was soll ich dazu sagen?»

«Sie planen ein Attentat auf Jan Ullrich. Ist das nichts?»

«Doch, doch. Das ist schon was.»

«Eine Mordsschweinerei ist das. Und wir wissen davon.»

Willi sagte: «Ihr habt die Kerle nicht gesehen.»

Nun war Kevin an der Reihe. Er berichtete, was ihm der Busfahrer erzählt hatte. Zwei Männer, einer um die 40, der andere jünger, vielleicht erst 25. Der ältere ein Typ wie Zuelle, wenn er 40 Pfund schwerer wäre. Mit Zuelles Brille. Der junge sah aus wie Pantani nach seinem zwanzigsten Sturz. Kahlrasierter Kopf mit einer quer über den Schädel laufenden Narbe. Weil er schlank war, sah er aus wie ein Sportler und nicht wie ein Nazi. Beide hatten Trikots von Festina getragen, beide fuhren Rennmaschinen mit dicken Reifen und den speziellen Zeitfahrlenkern. Ein Rahmen weiß, der andere regenbogenfarben. Und beide Fahrer trugen futuristische Helme, darüber hatte sich der Busfahrer am meisten gewundert, weil es wegen der Hitze hirnrissig war.

«War der nicht ein toller Beobachter, dieser Busfahrer?» fragte Zacharias stolz, als sei er verantwortlich für dessen gutes Erinnerungsvermögen.

«Ganz gut», sagte KaDe. «Ich habe vor kurzem einen Artikel gelesen, da ging es darum, wie sehr sich Zeugen von Verkehrsunfällen meistens irren.»

Zacharias starrte KaDe haßerfüllt an: «Wenn du kein Invalide wärst, würde ich dir jetzt was antun.»

KaDe schnellte in die Höhe, riß Tassen und das Milchkännchen um und packte Zacharias am Trikot: «Ich bin kein Invalide. Nenn mich nie wieder Invalide. Ich habe nur drei Bypässe. Ich bin kein Invalide.»

«Ist ja gut, ist ja gut», sagte Zacharias und wollte sich aus dem Griff winden. Aber KaDe hielt eisern fest, auch als er nichts mehr sagte, sondern Zacharias nur noch eisig anstarrte. Einige waren aufgesprungen und trennten nun die beiden. Tilo war sitzen geblieben und verfolgte interessiert, wie die fette Milch über die Tischplatte lief, um dann auf den Boden zu tropfen.

«Setzt euch endlich wieder hin», sagte Willi. Kevin, der den Zusammenstoß entsetzt verfolgt hatte, wirkte regelrecht eingeschüchtert. Nicoletta legte ihm die Hand auf den Unterarm und sagte: «Das tun Männer eben manchmal.»

«Woher du das wohl wissen willst», sagte Tilo, ohne den Blick von der tropfenden Milch zu nehmen. «Ist doch schon so lange her.»

Nicoletta schnappte nach Luft und blickte sich aufgebracht um. Willi, der internationale Verwicklungen heraufziehen sah, sagte schnell: «Also, was haben wir?»

«Eine Riesenchance», rief Zacharias und mäßigte seine Lautstärke. «Mensch, Leute, das weiß außer uns keiner. Da müssen wir was draus machen.»

«Und was schlägst du vor?»

«Wir verhindern das! Wir retten Jan. Kapiert ihr das nicht? Die Franzmänner wollen ihm ans Leder. Die wollen ihn töten.»

Kevin sagte: «Das haben sie nicht gesagt. Sie haben gesagt, sie wollen ihn vom Rad schubsen.»

«Sag ich doch. Sie wollen ihn töten. Wenn du Jan von seinem Rad trennst, das ist, als würdest du einer Schildkröte ihren Panzer wegnehmen.»

Alexander sagte: «Bei einem Aufsatz würde ich jetzt ‹schiefes Bild› an den Rand schreiben.»

Zacharias stieß seinen Stuhl so heftig zurück, daß der umstürzte, und verließ die Terrasse.

«Und ihr sagt immer, ich sei emotional», murmelte Sonny und blickte sich auffordernd um. Aber niemand nutzte die Gelegenheit zu lästern. Jeder brütete still vor sich hin.

Blumencron stellte den umgestürzten Stuhl auf. Alexander vertilgte, wofür er bekannt war, die Reste der anderen. Tilo verfolgte den Weg der letzten Milchtropfen.

4

Gegen sieben Uhr verließen sie den Gasthof. Auf der Rheinbrücke mußten sie warten, bis Alexander sein Rheingedicht deklamiert hatte. Er liebte es, an markanten Punkten der lyrischen Landschaft die Freunde mit Kostproben seines einschüchternden Gedächtnisses zu erfreuen. Während Alexander, den Reserveschlauch über der Brust, mit großrahmiger Gestik die Romantik beschwor, schob Sonny seine Maschine neben Nicoletta.

«Wie war das noch mal, Frau Nachbar, vor großen sportlichen Ereignissen enthaltsam leben oder ordentlich abarbeiten, damit die Verspannungen weg sind?»

Sie zeigte ihm den Stinkefinger, und Sonny sagte: «Ja, genau, so sah er aus, als ich heute nacht begann, über das Problem nachzudenken.»

«Für Kerle wie dich sollte man die abwaschbare Matratze einführen», sagte Nicoletta verächtlich.

«Danke», sagte Alexander am Brückengeländer eingeschnappt, «vielen Dank. Nach einer Woche mit euch sehne ich mich richtig wieder nach meinen Schülern. Das sind Kulturbürger gegen euch.»

«Ruhe da vorne», rief Sonny. «Sonst kriegt dein Direktor einen anonymen Brief, in dem ich ihm verrate, was es mit deinem jährlichen Bandscheibenvorfall zur Zeit unserer ‹Indurain›-Tour auf sich hat.»

Das war für längere Zeit der letzte Scherz. Denn nach der Rheinebene ging es gleich in die Vogesen. KaDe, Zacharias und Kevin waren die ersten, die mit dem Reden aufhörten. Blumencron sprach auch nicht, aber Blumencron sprach fast nie. Willi und Nicoletta redeten bis zuletzt miteinander. Dann war auch das zu Ende und jeder mit sich allein. Jetzt begann das, was sie liebten. Und gleichzeitig haßten. Als erster ließ sich Sonny zurückfallen und wunderte sich, als plötzlich Tilo neben ihm auftauchte. Tilo sagte: «Ist dir der Unterschied zwischen 600 und 1800 Metern bekannt? Wunderbar, dann mach hier keinen Zwergenaufstand. Dies ist ein Fliegenschiß.»

«Dies ist ein Berg.»

«Ein Fliegenschiß. Ein Berg ist, wo es oben schneit.»

«Für mich ist ein Berg, wo ich schieben muß.»

«Sonst bist du gesund?»

«Ich war in meinem früheren Leben eine 21-Gang-Schaltung.»

«Häng dich ran. Da vorne ist die Spitzengruppe. Du kannst sie noch sehen. Das ist wichtig. Häng dich ran.»

«Wir sollten das in aller Ruhe ausdisku...»

«Schnauze.»

Sonny hängte sich mordsmäßig rein. Nach 100 Metern

mußte er aus dem Sattel. Tilo saß so ruhig, als würde er nicht einmal treten.

Am Berg ist jeder mit sich allein, dachte Sonny. Du bleibst so lange vorne dran, wie es geht. Du fährst an dein Limit heran; wenn du deinen Körper gut kennst, testest du den roten Bereich. Der Körper verzeiht dir das, aber du mußt früh anfangen, freundlich zu ihm zu sein. Du kannst ihm eine Zeitlang deinen Willen aufzwingen, aber du kannst die Gesetze der Biologie nicht außer Kraft setzen. Nach dem ersten Berg kommt der zweite. Nach dem zweiten der dritte und vierte und fünfte. Dann darfst du schlafen. Aber morgen kommt die nächste Etappe. Bald siehst du den ersten Berg vor dir. Nach dem ersten Berg kommt der zweite. Nach dem zweiten der dritte. Mehr nicht an diesem Tag, aber du freust dich nicht darüber, denn du hast nicht mehr die Kraft, um diese 33 Muskeln zu aktivieren. Ein Lächeln setzt sich aus 33 Muskeln zusammen.

Sie kamen einzeln oben an. Sonny hatte kurz vor dem Gipfelpunkt Tilo ziehen lassen müssen. Aber er hatte viel von ihm profitiert. Nicht zum erstenmal. Und nicht nur beim Radfahren.

Die Abfahrt war sechs Kilometer lang. Willi und Zacharias waren traditionell die Vorsichtigsten. Kevin fuhr nicht so, wie er wollte, weil sein Vater dabei war. Die anderen gaben dem Affen Zucker, bis zu 80 km / h schnell. Es geht noch schneller, aber die Gruppe hätte niemanden in ihren Reihen geduldet, der das Schicksal so unverfroren herausforderte. Sie fuhren auf regulären Straßen und wurden ständig von Autos überholt. Ständig kamen ihnen Autos entgegen, und nicht selten setzte vor ihnen ein entgegenkommender Pkw bei einem langsameren Wagen zum Überholen an.

Andererseits konnte man auf der Abfahrt Rückstand aufholen und die Lücke zu den Vorderleuten schließen. Sonny, Nicoletta und KaDe fuhren wie die Henker. Nicoletta hatte sich einen Schlüsselbeinbruch auf der Abfahrt zugezogen, den anderen beim Fensterputzen. Dafür genierte sie sich noch heute. Der Abfahrtscrash war okay. Nach der Abfahrt ging es maximal 100 Meter auf ebener Straße, dann folgte der nächste Anstieg. Hier fiel die Gruppe endgültig auseinander. Jetzt half bei Sonny und Zacharias auch kein gutes Zureden mehr. Natürlich stiegen sie nicht ab, dafür war der Unterschied zu reinen Freizeitradlern zu groß.

Nicoletta, Willi, KaDe und Tilo, die vorn fuhren, verkörperten eine andere Klasse. Ihr Tritt war rund, Tilo und KaDe saßen ruhig auf dem Sattel, Willi und Nicoletta gingen manchmal heraus, aber nicht weil sie auf dem letzten Loch pfiffen, sondern weil es ihnen Spaß machte. Sie fühlten sich wohler so, nicht etwa schwach. Plötzlich stieß Nicoletta einen Schrei aus: kurz, laut, erschreckend. Er kam für die anderen völlig überraschend, aber sie mußten sich um Nicoletta keine Sorgen machen. Willi lächelte, Tilo gestand sich ein, daß er Nicoletta bewunderte. Sie war nicht sein Typ, nichts an ihr sprach ihn erotisch an. Er fand ihre Magerkeit erschreckend; seitdem sie ihren ersten Marathonlauf absolviert hatte, machte sie auf alle den Eindruck, als habe sie eine Grenze überschritten, hinter die sie nicht mehr zurückwollte. Nicoletta liebte es, sich zu verausgaben. Sie geriet bei den stundenlangen Läufen und Radtouren in einen Zustand vollständiger Verzückung. Für die Dauer der Anstrengung nicht denken zu müssen bereitete ihr große Lust. Nicht mehr grübeln, nur noch Körper sein. Bis zum Anschlag gehen. Staunen, was möglich ist. Nicoletta war aus ihrer Ehe mit einem Körpergewicht von 84 Kilogramm herausgekommen. Zwei Tage nach dem Termin vor dem Familiengericht hatte sie in jedem Raum ihrer Wohnung eine Fotografie im Maßstab eins zu eins aufgehängt. Sie zeigte die nackte Nicoletta mit 84 Kilo. Dann hatte sie begonnen zu hungern. Nach vier Monaten wog sie 64 Kilo und begann Sport zu treiben: Aerobic, Laufen, Schwimmen. Sie blieb beim Laufen, nahm Radfahren hinzu und verlor im folgenden halben Jahr noch einmal zehn Kilo. Ein Kreislaufkollaps unterbrach ihr neues Leben, vermochte es aber nicht zu stoppen. Vor zwei Tagen hatte Nicoletta 48 Kilogramm auf die Badezimmerwaage gebracht. Sie hielt das für ein Gleichnis, sie hatte ihr Leben vom Kopf auf die Füße gestellt, die Ziffern ihres früheren Gewichts getauscht. Dafür nahm sie in Kauf, daß ihre Monatsregel unregelmäßig kam und sie sich oft zum Essen zwingen mußte. Sie wartete auf den Tag, an dem sie wieder Lust bekommen würde, eine Beziehung mit einem Mann einzugehen. Das Befremden der ersten Zeit über ihre Lustlosigkeit war großer Nonchalance gewichen. «So gut, wie ein Marathonlauf kommt, kann gar kein Kerl vögeln.» Dennoch nistete tief in ihr ein Gefühl der Unsicherheit. Nicoletta war 38 Jahre.

KaDe war zehn Jahre und drei Bypässe älter. Sein Arzt hatte ihm Ausdauersportarten ans Herz gelegt. Radfahren und Skilanglauf fanden vor seinen Augen Gnade. KaDe wußte, daß der Doktor nicht die Art Radfahren meinte, die er betrieb. Er hatte den Freunden die Prognosen des Arztes berichtet: «Eigentlich wollten wir Ihnen nach der letzten Operation einen Reißverschluß einnähen. Damit es beim nächstenmal leichter wird.»

Paragraph 22 des Tour-Reglements schreibt vor, daß jeder Fahrer disqualifiziert wird, der bei einer Etappe später als die Siegerzeit plus zwölf Prozent das Ziel erreicht. Damit soll auch den Fahrern Dampf gemacht werden, die nicht um den Tagessieg mitfahren, besonders auf Bergetappen, wo sich die Nachzügler im «Autobus» zu versammeln pflegen, um kollektiv gemächlich gen Ziel zu radeln. Sonny und Zacharias pfiffen auf dem letzten Loch. Sie mußten 28 Motorradfahrern hinterherwinken, bevor sich zwei erbarmten und Zugmaschine spielten. Sie kamen aus Westdeutschland und fuhren ihre Kawasakis ein. Zacharias genoß den Fahrtwind, der den Schweiß trocknete. Aber er hörte nicht auf zu schwitzen. Er haßte es zu schwitzen. Er schwitzte in jeder Lebenslage, die Streß produzierte: beim Händedrücken und beim Sex. Zacharias fuhr Rad, weil ihm sein Arzt empfohlen hatte, Sport zu treiben. Angeblich würde dadurch übermäßiges Transpirieren vermindert. Zacharias hatte nie viel von Ärzten gehalten, jetzt fand er sie nur noch lächerlich. Zacharias schwitzte ungeheuer heftig.

Paragraph 22 des Tour-Reglements eröffnet die Möglichkeit, in besonderen Fällen den Kontrollschluß zu erweitern. Beispielsweise auf 15 Prozent. Wenn es sich als notwendig erweisen sollte, auch auf mehr. Denn die Tour ist wie das Leben, und das Leben fordert manchmal flexible Entschlüsse.

Auf dem nächsten Flachstück ließen die Führenden die Beine hängen, bis die anderen aufgeschlossen hatten. Es war jetzt kurz vor zehn. Willi erinnerte daran, ordentlich zu essen und zu trinken. Sie hielten die Pause an der Gaststätte kurz. Erst urinieren, dann den Rücken strecken und einige Schritte gehen. Alexanders Schaltung machte in den höheren Gängen Schwierigkeiten, sie mußten warten, bis er das untersucht hatte. Als Willi die Augen öffnete, sah er, daß Tilo ihn beobachtete. Willi wußte nicht, wann Tilo aus der Gaststätte nach draußen gekommen war. Er fand es bezeichnend, daß ihm solche Dinge passierten. Er mußte besser aufpassen. Unaufmerksamkeit war Schwäche. Das konnte er sich nicht leisten. Nicht bei Tilo. Nicht bei einem, der so tat, als würde er nichts sehen.

«Alles im grünen Bereich?» sagte Tilo im Vorbeigehen. Einen weiteren Angriff würde Willi ihm nicht durchgehen lassen.

5

Willi fuhr neben Blumencron, die Geschwindigkeit ließ es zu, daß sie sich unterhielten. Blumencron verweigerte sich auch keinesfalls, seine Beiträge waren weder einsilbig noch unfreundlich. Aber Willi hatte wieder das Gefühl, als würden seine Worte an dem Panzer des Mannes abperlen wie Wassertropfen an der Fensterscheibe. Verschlossenheit war Blumencron so sehr zur zweiten Natur geworden, daß sie keinem der «Indurains» mehr störend vorkam. Sie hatten vor der Alternative gestanden, Blumencron so zu nehmen, wie er war, oder ihn zu bitten, sich eine andere Sportgruppe zu suchen. Jeder hatte für ihn plädiert, wenn auch niemand mit Begeisterung. Im Soziogramm der Gruppe nahm er kein einziges Mal Rang eins oder zwei ein, aber auch nie einen der beiden letzten Plätze.

Blumencron lief am Rande mit. Natürlich umgab ihn ein Geheimnis, unvorstellbar, daß sich jemand ohne Not so sehr verschloß. Aber er suchte die Gruppe, nahm jede Gelegenheit wahr. Er war unerschütterlich korrekt und, wenn man ihn ansprach, auch hilfsbereit. Mehr Herzlichkeit von Blumencron zu erwarten wäre vergeblich gewesen. Er war das Mitglied, über das am meisten in seiner Abwesenheit gesprochen wurde. Dabei legte sein Beruf die Vermutung nahe, daß er sich den Menschen zuwenden würde. Blumencron verfaßte Gebrauchsanweisungen für technische Geräte: Kameras, Videorecorder, alle Maschinen der Unterhaltungs- und Kommunikationsindustrie.

Willi mußte die Themen vorgeben, dann stieg Blumencron darauf ein. Nie wurde es privat oder gar intim, aber auch nie beleidigend oberflächlich. Wenn Willi schwieg, schwieg auch Blumencron.

Alexander war gerade dabei, Kevin die Geschichte des legendären Gabelbruchs auf der Tour im Jahre 1913 zu erzählen, als er hinter sich Bewegung spürte. Eugen Christophe, der seinen Defekt eigenhändig, weil es das Reglement seinerzeit so vorsah, nach 14 Kilometern Fußmarsch in einer Schmiede reparierte, mußte warten, denn die sechs von der Telekom verbreiteten einen ungeheuren Lärm, als sie die «Indurains» überholten.

«Üben, üben!» rief einer von ihnen, und sein Kamerad wedelte herrisch mit beiden Händen: «Freizeitfahrer von der Straße! Hier kommen Fachleute.»

Im nächsten Moment standen KaDe und Kevin am Straßenrand und hielten den Pimmel in Richtung Graben. Willi blickte die anderen Freunde an: «Wer noch nicht hat, sollte jetzt vielleicht noch mal ...»

«Shut up», sagte Tilo und steckte seine Kappe in die Tasche. «Keine Kraftvergeudung mit überflüssigem Gerede. Es gibt Wichtigeres zu tun.»

Nach Kevin, der längst fertig war, packte auch KaDe ein. Dann bildeten sie einen Kreis; während überholende Pkws wütend hupten, schlugen sie die Handflächen gegeneinander, und Willi sagte: «Freßt sie!» Tilo zählte auf drei vor, dann röhrten alle: «Zicke zacke zicke zacke In-du-rain!»

Das war der Beginn des Rennens. In der idealen Windschattenposition jagten sie den Rivalen hinterher. Die waren nicht darauf gefaßt und wurden in Sekundenschnelle von dem neunköpfigen Wurm überholt. Aber sie reagierten, ihre beiden Flinksten hingen gleich an den «Indurains». Sie überholten nicht, was zweifellos möglich gewesen wäre, sondern warteten, bis die anderen vier aufgeschlossen hatten. Das Zeitfahren dauerte keine drei Kilometer, dann kam der Anstieg. Auf Nicoletta und KaDe mußte man nicht achten. Die Kandidaten waren Alexander, Zacharias und Blumencron. Willi und Tilo klemmten sich vor die schwächsten am Berg. Kevin und Sonny fanden und fuhren ihr Tempo. Die «Indurains» blieben zusammen, die feindlichen sechs rissen sofort auseinander.

«Was wollt ihr haben?» rief Tilo ihnen zu. «Einzelwertung oder Mannschaft?»

Die Rivalen berieten sich, dann rief der, der aussah wie ein Profi: «Die besten vier!»

Tilo lachte: «Ihr seid tot, Mann.» Dann schoß der Profi an ihm vorbei, als würden sie sich in der Ebene befinden, und niemand redete mehr. Willi, Tilo, Nicoletta und KaDe waren die besten am Berg. Sonny spielte, solange seine Kräfte reichten, den Störenfried, indem er sich ständig in ihre Formation preßte, was einen Rivalen so erboste, daß er nach Sonny schlug.

Willi hatte den Streckenplan im Kopf und informierte die anderen: «Zieht sich lange hin. Kurzes Flachstück, dann wird es gemein: steil, weniger steil, immer im Wechsel. Da entscheidet es sich.»

Die Rivalen waren im Durchschnitt deutlich jünger. Aber wer glaubt, daß sie damit im Vorteil waren, weiß nicht, wie Bergfahren funktioniert. Von den sechs Rivalen fiel nur einer zurück, nun lautete das Duell fünf gegen fünf. «Mach dich nicht kaputt», rief Willi seinem Sohn zu. Und als der nicht reagierte: «Laß dich zurückfallen.» Immer noch keine Reaktion. «Laß ihn», sagte Tilo. «Er muß das haben.»

Der Anstieg zog sich ohne Ende. Tilo lachte. Er fühlte sich gut, so gut. Er hatte seinen Beruf verfehlt, mit ein bißchen Training und einem früheren Einstieg in die Rennerei hätte er es zu etwas bringen können. Nicht zu einem Kandidaten für das Team Telekom. Aber darunter fuhren zehn B-Mannschaften durch Deutschland, die alles aufsaugten, was bei den Amateuren über den Tellerrand gucken konnte. Mit denen konnte Tilo mithalten, kein Zweifel. Alles was er brauchte, waren ein Ziel und natürlich eine gewisse Portion Talent. Für Sprachen hatte er kein Talent, für Mathematik auch nicht. Aber er war sportlich, er wollte gewinnen, jedesmal. Und weil das mit dem Sport nicht geklappt hatte, siegte er jetzt eben im Job. «Beruf: Erster» hatte auf dem Transparent gestanden, das die Kollegen nach Gründung der Fahrschule über den Eingang gehängt hatten. Fahrschulen sind kein Wachstumsmarkt, schon gar nicht in kleinen Städten. Aber Tilo hatte auch keine 08/15-Fahrschule eröffnet. Nicht so einen Laden, wo schneidige Exbundeswehrleute mit Zackigkeit und dürftigem Parfum die Kunden verschrecken. Tilo hatte die Marktlücke entdeckt. «Ein Fahrlehrer nach Ihrem Geschmack – Wie hätten Sie's gern? Latin Lover oder Schwarzenegger? Pamela Anderson oder Witta Pohl?» Tilo hatte nicht an den Preislisten herummanipuliert, sondern an den Fahrlehrern. Vor Jahren hatte ihm eine Prostituierte ihr Geheimnis verraten. «Ich ziehe immer ein langes Blümchenkleid an. Bei den Ledermädchen ist alles überlaufen. Bei den Bikinis auch. Ich bin das kleine, verträumte Mädchen. Es gibt eine Menge Männer, die darauf stehen. Die jagst du mit einer Ledermontur nur in die Flucht.»

Der Anstieg nahm kein Ende, aber Tilo besaß Kraft für immer einen Berg mehr, als ihm im Weg stand. Außerdem fuhr Willi neben ihm. Ein harter Knochen, 20 Jahre älter als Tilo, aber fit wie ein Turnschuh. Er war nicht mehr der Held über 100 Meter, aber bei allen Disziplinen, die länger dauerten als eine Stunde, war er vorn mit dabei. Willi, der Leitwolf. Beruf: Chef, so hatte er es gern. Und eine eigene Firma hatte er ja auf die Beine gestellt, leider in der falschen Branche. Hoch- und Tiefbau war nicht High-Tech und nicht Dienstleistung. Zu konservativ, zu konjunkturanfällig. Gerade in der Provinz. Willi war der zweitgrößte am Platz, aber er hatte den Kampf um die Ortsumgehung verloren. Natürlich war das eine miese Tour gewesen, für die Tilo den Größten in den Knast geschickt hätte. Aber von den Kondolenzbriefen konnte sich Willi nichts kaufen. Und schlappe Eigenheime machten den Kohl nicht fett. Kein High-Tech, keine Dienstleistung. Aber radfahren konnte er, das mußte der Neid ihm lassen. Tilo sah zu Willi hinüber, der schaute zurück. «Wir kriegen sie», sagte Willi. Er atmete schwer, hatte aber keine Probleme. Der Berg war die klar definierte Aufgabe, und Willi stand alles zur Verfügung, was man braucht, um die Aufgabe zu bewältigen: das optimale Gerät, der passende Körper. Zwischen den Ohren saß die Zentrale. Der Berg war die Aufgabe, und in einer Stunde war Bescherung.

Willi und Tilo fuhren den Berg in strammem Tempo hoch. Nicoletta und KaDe blieben problemlos dran. Kevin kämpfte schon, aber Willi sprach ihn nicht mehr an. Der Junge war kerngesund, und wenn er sich zuviel zumutete, würde er morgen bitter dafür bezahlen müssen. Wie sonst sollte er lernen, wenn nicht durch Erfahrung?

Die Rivalen waren zuerst oben, auf dem kurzen Flachstück holten die fünf «Indurains» den ersten Rivalen ein. Er ließ die Beine hängen und tat, als habe er die Situation im Griff. Aber die Farbe von Kopf und Hals verriet ihn. Die «Indurains» tranken, und plötzlich kam von hinten Sonny herangeflogen. «Nimm schon», sagte er zur verdutzten Nicoletta, «bevor ich vom Rad falle.» Sie nahm ihm die Flasche ab, er hatte noch zwei weitere dabei. Eine bekam KaDe, die letzte reichte er Willi. Aber Willi wollte sie nicht. Sonny, der auf dem letzten Loch pfiff, rief verzweifelt: «Na, was ist!? Soll ich selber trinken?»

Willi sagte: «Gib sie Kevin.» Da schnappte Nicoletta zu und nahm Sonny die Flasche ab, der sofort aufhörte zu treten. «Danke!» rief er ihnen mit verzweifelt klingendem Hohn hinterher. «War wirklich zu nett von euch.»

«Ihr seid Idioten», sagte Nicoletta, als sie zwischen Willi und Tilo gefahren war.

Willi sagte: «Ich weiß, wann ich trinken muß.»

Dann begannen die Rampen; der ständige Wechsel aus steilen Stücken, kurzen Erholungen und neuen scharfen Anstiegen war Gift für jeden, der auf einen gleichmäßigen Rhythmus angewiesen ist. Am ersten Anstieg fiel Kevin zurück.

«Scheiße!» rief er. «Scheiße! Scheiße! Scheiße!»

Tilo hob, ohne sich umzusehen, grüßend den Arm. Willi sagte: «Mußte das sein?»

«Beruhige dich. Er ist dein Fleisch und Blut. Er wird seinen Weg machen.»

«Arschloch», knurrte Willi. Und Tilo lächelte.

An der dritten Rampe holten sie die restlichen Rivalen ein. Offensichtlich standen zwei kurz vor dem Kollaps oder kurz dahinter. Die «Indurains» fuhren vorbei, und erst als Willi dachte, daß sie es mit Anstand absolviert hätten, rief Tilo nach hinten: «Üben! Üben!»

Nach diesen beiden Worten freute sich Willi nicht mehr so sehr über den Sieg.

Nicoletta sagte: «Bürschchen sind das. Das tut denen sehr gut.»

«Wie sieht's aus?» sagte Willi zu KaDe.

«Wieso? Mache ich einen hinfälligen Eindruck?»

«Ich meine nur. Wir könnten etwas Luft rausnehmen.»

«Sehe ich anders», sagte Nicoletta und wies nach hinten. Die Rivalen kamen hinterher. Zu viert. Das Rennen ging weiter. Auf dem nächsten Kilometer attackierte der Profi. Er hatte keine Begleiter mehr, aber er wollte es wissen. Mit dem Kopf hing er fast auf dem Vorderrad, als er an ihnen vorbeizog.

«Die ersten vier», sagte Willi zu ihm.

«Das habt ihr», knurrte der Profi. «Das ist jetzt nur noch fürs Gedächtnis. Damit ihr nicht vergeßt, daß viele besser sind als ihr.»

In diesem Moment ließ KaDe die Beine hängen, und Tilo schaltete. Willi dachte, er müsse sich verschaltet haben. Es war mörderisch, diesen großen Gang treten zu wollen. 90 Prozent aller Fahrer hätten jetzt absteigen müssen. Tilo trat rund. Willi ging aus dem Sattel, aber Nicoletta war noch schneller. Alles an ihr war wie geschaffen für den Berg. Sie wog einen halben Zentner weniger als Willi. Und sie hatte sonst nichts im Leben. Sie hatte sich freiwillig auf Rennen reduziert.

Der Profi trat seine Maschine, als wollte er sie zerstören. Er arbeitete ungeheuer, alles an ihm war mächtig in Bewegung. Der beherrschte Krafteinsatz von Tilo sah dagegen aus, als würde Tilo sich erst warm fahren. Dabei lief er auf vollen Touren. Willi zog den Reißverschluß bis zum Anschlag hinunter. Er war froh, daß sie durch Wald fuhren. Willis Puls lag bei 162. Er war an der oberen Grenze; wenn der Profi weiter Druck machte, würde er zurückfallen. Das fand Willi schade, aber er würde es tun. Er würde kein Risiko eingehen, nicht dieses Risiko. Sie hatten bereits gewonnen. Was jetzt stattfand, war nichts weiter als eine Retourkutsche auf das berstende Ego des Profis. Nicoletta und Tilo würden es dem Gegner zeigen, und wenn es ihm gelang, die beiden zu besiegen, hatte er es verdient, der Sieger zu sein. Morgen war auch noch ein Tag. Sie waren hier, um die Tour zu genießen. Willi freute sich seit Monaten darauf. Er würde sich das nicht vermiesen lassen, nicht durch eigene Dummheit. Aber er war kurz davor, das Kotzen zu kriegen. Und er trat und trat und trat. Sein Pulsmesser stand bei 170, aber es war niemand da, der den Pulsmesser ablas.

Willi blieb dran bis zum Gipfel. Er kam nicht mehr an das Hinterrad des Profis heran, aber er sah ihn, der Profi hatte nie mehr als 100 Meter Vorsprung. Tilo fuhr neben ihm, meistens zwei, drei Meter schräg vor ihm. Tilo arbeitete mit seiner schlimmsten Waffe: Er zeigte dem anderen, wie gut er drauf war. Sein Körper signalisierte: Tu, was du nicht lassen kannst. Von Nicoletta war nichts mehr zu sehen. Sie hatte ihren Vorsprung mit unheimlicher Systematik ausgebaut. Willi dachte:

‹Wie Pantani.› Wenn er Nicoletta am Berg sah, mußte er an Pantani denken. Sie hatte mehr Haare als er, aber nicht viele. Seine Ohren standen weiter ab als ihre, aber nicht sehr. An einem guten Tag konnte am Berg niemand Pantani schlagen. Sein Problem war, daß bei ihm nach guten Tagen auch schlechte Tage kamen – oft gleich am nächsten Morgen.

Auf dem Gipfel trafen sich alle wieder. Nicoletta und der Profi, der vom Endspurt gegen Tilo noch schwer keuchte. Tilo tat unbeteiligt, aber die Freude über den zweiten Platz leuchtete aus seinen Augen. Zum Schluß war der zweitbeste der Rivalen fast noch an Willi herangekommen. Aber KaDe war besser als der drittbeste der Rivalen. Das war nicht mehr wichtig, aber gut fürs Archiv. Als der Profi seine Helden um sich versammelt hatte, preßten sie einen flüchtigen Glückwunsch durch die Zähne und machten, daß sie wegkamen. Zacharias trug die rote Laterne ins Ziel. «Wenn du eines Tages spurlos verschwinden solltest, weiß ich, wo du abgeblieben bist», sagte Tilo gutmütig. «Dich hat der Efeu überwuchert.»

Sie standen auf dem schattigen Rastplatz, die Maschinen zu einem Kreis zusammengestellt. Der Schweiß lief in Strömen, Willi reichte Tilo die halbvolle Flasche, und Tilo nahm sie. Kevin ärgerte sich immer noch, daß er nicht länger Anschluß gehalten hatte, und wollte sich nicht trösten lassen. Nicoletta wehrte alle Glückwünsche ab, und Sonny, eine Zigarette im Mund, berichtete zum wiederholten Mal, wie er den ersten Anstieg bewältigt hatte. «Ich habe einfach gedacht, es ist flach und ich gucke nur nicht richtig.» Sie redeten wild durcheinander, Willi ballte erst jetzt die Faust hinter den geflohenen Rivalen her. Und KaDe sagte: «Diese jungen Leute machen immer wieder den gleichen Fehler mit uns Älteren. Bin gespannt, was sie tun, wenn sie älter sind.»

«Das war der Prolog!» rief Willi. «Die Karten sind gemischt.

Ab morgen muß mit Überrundungen gerechnet werden.» Alexander wollte gesehen haben, daß zwei Rivalen vor Wut oder Schwäche oder beidem geheult hatten. «So ist das Leben», sagte er großspurig. «Hart, aber ungerecht.»

«So sind die Lehrer», rief Tilo. «Halbtags beschäftigt, aber überarbeitet.» Die Laune, obwohl schon gut, wurde immer besser. Die beiden Pkw-Besatzungen, die auf dem Rastplatz picknicken wollten, drückten sich vor dem überschwappenden Ego der Radfahrergruppe eingeschüchtert an den Rand. Jeder berichtete über seine Befindlichkeit in den vergangenen Stunden. Man lobte die Spitzenfahrer, aber das herzlichere Lob bekamen die letzten ab. Häme ergoß sich nur über Alexander, aber den hatten die Jahre als Objekt des Spotts gestählt. Und plötzlich rief Zacharias: «Also, was nun?»

Obwohl die Frage sich auf nichts beziehen konnte, wovon in den letzten Minuten die Rede war, sagte Willi: «Na gut, überzeugt. Natürlich retten wir unserem Jan das Leben. Wer etwas dagegen hat, der sage es jetzt, oder halte die Schnauze ab nun für immerdar.»

«Ich betrachte das als Schwur. Solange wir bei dieser verlausten Tour dabei sind, wird es keiner wagen, unserem Jan ein Bein zu stellen», sagte Tilo.

«Und Bjarne auch nicht», ergänzte Willi.

«Und den Wasserträgern erst recht nicht», sagte Zacharias. «Ohne Wasserträger hat noch nie einer die Tour gewonnen.»

Alexander öffnete schon den Mund, um eine Anekdote aus seinem reichen Schatz beizutragen, da sagte Nicoletta: «Wie lange noch bis zum Ziel?»

Willi blickte auf die Uhr, dann auf die Karte. Sie mußten noch drei gemütliche Stunden fahren. «Okay», sagte Nicoletta. «Nach dem Einchecken unter die Dusche. Danach Essenfassen. Dann machen wir einen Plan.»

6 Es wurde dann doch später Nachmittag. Ihre Unterkunft lag zehn Kilometer von der Strecke entfernt. Zu verdanken hatten sie das Haus Alexander. Der Oberstudienrat für Französisch und Physik hatte seine Verbindungen spielen lassen. Während diejenigen «Indurains», die sich zu ihrer Provinzialität bekannten, die Andersartigkeit der romanischen Toilettenkultur in Augenschein nahmen, inspizierten die anderen Betten und Küche. Es stellte sich heraus, daß Nicoletta kein Einzelzimmer hatte. «Habt euch nicht so», sagte sie. «Ich schlafe draußen.» Auf der gekachelten Terrasse stand eine altmodische Hollywoodschaukel. Nun mußte jeder Mann so tun, als würde selbstverständlich er die provisorische Bettstatt benutzen, aber weil damit das grundsätzliche Problem nicht zu lösen war, mußte keiner befürchten, tatsächlich auf dem knochenharten Ding zu landen.

Plötzlich stand die fremde Frau im Raum. «Guckt mal», rief Kevin wenig gentlemanlike. Alle guckten, sogar länger. Die Frau war Mitte 20 und so luftig gekleidet, daß ihre trainierte Figur vorteilhaft zur Geltung kam. «Entschuldigung», sagte sie, «ich störe wohl.» Bis auf Blumencron versicherten ihr alle Männer, daß sie nichts weniger täte, als zu stören. Nicoletta, die das Gegockel nicht länger ertrug, verließ den Raum. Paula, so hieß die Fremde, wurde nun aufs entzückendste verlegen und erzählte ihre Geschichte. Zu den Rivalen würde sie gehören, die gerade so schmählich besiegt worden seien. Radfahren sei ihre Leidenschaft, nicht erst seitdem der süße Jan mit den süßen Sommersprossen gewonnen habe. Ihren halben Urlaub habe sie in diesem Jahr draufgegeben, um einmal in der Nähe von Jan sein zu dürfen. Aber sie würde halt niemanden kennen, mit dem sie nach Frankreich … und dann noch per Velo. So sei sie bei den Rivalen gelandet, aber das sei ein schwerer Fehler gewesen: humorlos alle, Kilometerfresser und Angeber. Keine Leichtigkeit, keine gute Laune, und das gehöre doch dazu. Außerdem das viele Weintrinken, und Kavaliere seien das auch nicht. Sie habe die Nase schon länger voll gehabt, aber es nicht über sich gebracht, nach Hause zu fahren. Deshalb seien ihr die Herren, in deren Haus sie stand, wie ein Geschenk des Himmels vorgekommen. Alles tolle Sportler, aber trotzdem locker und immer ein Lachen zwischendurch. Außerdem eine Frau dabei und ein Kind beziehungsweise ein junger Mann, und dann will es auch noch der Zufall, daß sie unterwegs zur Tour sind. Langer Rede kurzer Sinn: Ob sie sich anschließen dürfe? Natürlich sei man jetzt praktisch schon bei der Tour, aber sie würde sich doch recht einsam fühlen in einem fremden Land. Wie abgehängt. Sie wolle auch garantiert nicht stören, und schlafen könne sie im Wagen, sie habe nämlich einen Wagen und …

Willi war instinktiv dagegen. Auch prinzipiell. Sie gehörte nicht zur Gruppe. Sie war zu jung und kokett. Genau der Typ Frau, bei der sich jeder Mann wünscht, ihr Sattel zu sein. Sonny war instinktiv dafür, Prinzipien besaß er nicht. Sie gehörte nicht zur Gruppe, endlich jemand, der die ewige Inzucht aufbrechen würde.

Tilo war dafür, denn er war nicht blind.

Kevin war dafür, denn wie es sein Freund Wolle kürzlich auf den Begriff gebracht hatte: «Machen beginnt mit Gucken.»

KaDe war dafür, denn sein Herz war stabil.

Alexander hatte Argumente dafür, aber auch dagegen.

Zacharias war dagegen, denn er fand es ekelhaft, wenn Männern der Speichel aus dem Mundwinkel lief.

Nicoletta war dagegen.

Blumencron sah man nichts an.

Paula strahlte und verschwand gleich wieder, weil sie beim Auspacken nicht stören wollte.

Als sie draußen war, sahen sich alle an. «Ich finde das nicht gut», sagte Willi. «Das bringt nur Unruhe hinein.»

Sonny sagte: «Ach, wenn das das einzige ist, was sich irgendwo hineinbewegt, geht es ja noch.»

«Brich hier lieber ab», sagte Alexander. «Wir haben Kinder und Frauen unter uns.»

Kevin sagte: «Ich bin kein Kind. Ich finde auch, daß sie toll aussieht. Deshalb habe ich ihr ja auch erzählt, wo wir übernachten.»

Denn Paula war in ihrem schnittigen Coupé an Kevin herangefahren, um ihn auszuhorchen. Paula unten auf dem tiefen Sitz und Kevin auf der erhöhten Warte des Sattels – wäre sein Vater nicht im Raum gewesen, hätte er den anderen jetzt einiges über seine Aussicht zu erzählen gehabt. Er hatte sich prompt verschaltet.

Nachdem für Nicoletta und Paula Schlafplätze im Wohnraum festgelegt worden waren, folgte eine ruhige Phase zwischen Duschen, Pflegen und Fernsehen. Sonny wurde bewußt, daß der Kommentator der Tour Französisch sprach und sich dies in den nächsten Tagen auch nicht ändern würde. Alexander sprach die Sprache fließend, Willi zufriedenstellend, Kevin lernte Französisch im dritten Jahr auf dem Gymnasium.

Es war der Tag der Wasserträger. 24 Stunden vor dem Beginn der Alpen riß sich kein Favorit ein Bein aus. Kurz nach dem Start war eine Gruppe davongespurtet, der beste von ihnen lag im Gesamtklassement auf Rang 38, die meisten über 100. Zeitweise hatte die Gruppe 14 Minuten Vorsprung. Dann versuchte eine Verfolgergruppe das Loch zuzufahren und zog das Hauptfeld mit sich. Auf den letzten 30 Kilometern ging die Post ab, in einer Ortsdurchfahrt kam es in einer Linkskurve zu einem Sturz, in den kurioserweise nur Holländer verwickelt waren. Die Ausreißer retteten ihren Vorsprung mit 2.05 Minuten ins Ziel. Es siegte ein Litauer, dessen Name schwer auszusprechen war.

Das gelbe Trikot blieb bei Svorada, seine beiden Etappensiege und die Zeitgutschriften halfen ihm sehr. «Aber das wichtigste ist das Trikot. Seitdem ich es trage, spüre ich die Kraft, die von ihm ausgeht. Die Kollegen behandeln mich auch ganz anders. Ich traue mir viel mehr zu, aber in den Alpen wird es schwer. Doch freiwillig gebe ich es nicht ab.»

Cipollini fuhr in Grün, aber Zabel hatte keinen großen Rückstand und war guter Hoffnung. Er und viele andere rechneten damit, daß Cipollini nach guter alter Cipollini-Tradition spätestens auf der zweiten Bergetappe aufgeben bzw. nicht mehr antreten würde. Rolf Aldag kam nach Defekten mit dem dritten Rad ins Ziel und zerstörte auch dies, als er es wutentbrannt auf den Boden schleuderte. Jan Ullrich und Bjarne Riis würden von den Plätzen vier und fünf in die Alpen starten. Virenque und Zuelle waren ebenfalls weit vorn, und Pantani fühlte sich gut. Auf den ersten Etappen hatte sich keiner der Geheimfavoriten gezeigt, und die brutalen Pyrenäen hatten keine Vorentscheidung gebracht.

«Seht euch das an», sagte Alexander und hielt *L'Equipe* in die Höhe. Von Jan Ullrich wurden Wunderdinge erwartet. Aber Virenque, der Held der Franzosen aus dem Festina-Rennstall, hatte in diesem Jahr den Schweizer Zuelle an seiner Seite. Virenque hatte im ersten Zeitfahren nicht viel verloren, viel weniger als in den Vorjahren. Zum Gerücht über Ullrichs vom Team abgestrittene Erkältung sagte er: «Natürlich leihe ich ihm mein Taschentuch. Aber ich nehme ihm nicht seine Viren ab.»

Sonny blätterte beeindruckt *L'Equipe* durch. «Von vorn bis hinten nur Sport. Was für eine reiche Kultur dieses Land hat! Schade, daß sie kein Deutsch sprechen.»

«Wahnsinn», sagte Tilo zwei Stunden später und schob den Teller von sich. Willi winkte den Patron heran, Alexander mußte ihm im Namen der «Indurains» seinen Respekt und seine Liebe aussprechen. Nicht alle verkniffen sich das Dessert, wie Willi mit Bedauern sah. Außerdem fragte er sich, ob es Zufall war oder die Macht der Gene respektive Duftstoffe, die Paula auf den Stuhl zwischen Tilo und Sonny gelockt hatte. Willi fand es einfach nicht gut, daß eine Fremde bei ihnen saß. Sie entweihte die Gruppe, obwohl sie sich tadellos benahm. Aber sie gehörte nicht zu ihnen. Im Urlaub wäre es Willi nicht darauf angekommen. Aber dies war kein Urlaub am Strand. Dies war eine heilige Angelegenheit. Dies war die Tour.

Willis Zuversicht wuchs, als er sah, daß sich keiner unmäßig dem Alkohol hingab. Willi übernahm die Rechnung, das war Tradition, die erste Zeche ging an ihn. Alexander fachsimpelte mit dem Patron. Der glaubte nicht an Virenque und sagte dem Festina-Team einen Ullrich-Riis-Konflikt voraus, nur daß hier die Hauptdarsteller Virenque und Zuelle hießen. Der Patron mochte die Schweizer nicht, er mochte auch die Deutschen nicht, aber bei ihm aßen mehr Deutsche als Schweizer. Ullrich mochte er, da mußte er nicht lügen. Aber Ullrich war kein Deutscher. Er war ein phantastischer Radfahrer und gehörte somit einer eigenen Nation an, der Nation der Helden.

Als sich später alle im Garten hinter dem Haus ihr Plätzchen suchten, sagte Blumencron nebenbei: «Achtet auf Vipern.» Weil keiner damit rechnete, daß Blumencron den Mund öffnen könnte, ging ihnen die Tragweite seiner Bemerkung erst spät auf. Dann begann eine von Nichtwissen ins Absurde getriebene Debatte über das Vorkommen von Giftschlangen, die erst endete, als Blumencron sagte. «Jetzt müßt ihr nicht mehr auf Vipern achten.»

Nicoletta legte unauffällig den Knüppel weg.

«Also», sagte Willi, «was haben wir? Wir haben zwei Männer, die sich darüber unterhalten, wie sie ...»

«Shut up», sagte Tilo rüde. «So weit reicht unser Gedächtnis gerade noch. Ich sehe die Sache so: Sie wollen Ullrich am Galibier stoppen. Wo ist hier die nächste Gendarmerie?»

Allgemeines Stöhnen. Keiner wollte die Polizei informieren, Alexander sagte: «Ich weiß auch gar nicht, was das bringen soll. Sollen sie Ullrich in Schutzhaft nehmen? Nein, das Attentat ist nur zu verhindern, wenn wir die Attentäter stoppen. Und das können wir besser als die Polizei. Oder sind die Flics nicht so dämlich wie die bei uns?»

Die Freunde kannten seine Lust, als Angehöriger einer übel beleumdeten Berufsgruppe den Hohn und Spott, mit dem sie ihn übergossen, an eine andere Berufsgruppe weiterzugeben. Aber auch heute stieß er wieder ins Leere. Sie trugen zusammen, was sie hatten: zwei Männer mit einer genauen Personenbeschreibung und eine Angabe, wo sie zuschlagen wollten bzw. ein von ihnen gedungener Attentäter. Das war gleichbedeutend mit einer Zeitangabe.

Willi sagte: «Also können wir zweierlei machen. Wir können zwei Tage unser Leben genießen und in drei Tagen am Galibier das Attentat verhindern. Oder wir erkennen, wie blöd diese Idee ist, und werden morgen früh aktiv.»

«Wieso blöd?»

«Weil der Anstieg zum Galibier zehn Kilometer lang ist, vielleicht auch 15.»

«Zwölfeinhalb», sagte Alexander, ohne in irgendeiner Weise auftrumpfen zu wollen. Er wußte es einfach.

«Wir können nicht neben Ullrich herlaufen.»

«Aber herfahren», rief Tilo. «Ich schmuggle mich ins Feld und bleibe am Berg einfach immer neben ihm.»

Sie überlegten, wie viele Meter sie sich wohl mit Ullrich auf einer Höhe halten würden, wenn er Ernst machte. Keiner nannte eine größere Zahl als 50.

Es gab keinen Zweifel: Sie konnten nicht bis zum letzten Tag warten. Einige Informationen besaßen sie ja. Das Aussehen der beiden Männer. Beide hatten gut deutsch gesprochen, auch wenn man hörte, daß es nicht ihre Muttersprache war. Beide waren in Badenweiler gewesen.

Zacharias sagte: « Was wollten sie in der Therme? Sie trugen doch Radfahrerkluft. Also wollten sie nicht saunen. Außerdem war die Sauna gar nicht angeheizt. Waren die beiden mit jemand verabredet, und wir haben den nur nicht mehr gesehen, weil die Unterredung schon vorbei war? Oder was?»

Sie sammelten die offenen Fragen. Wußten die beiden nur von dem geplanten Attentat, oder waren sie selbst die Initiatoren?

Gab es nur den fanatischen Zuschauer, von dem sie geredet hatten, oder waren mehr Leute eingeweiht?

Warum wollte man das Attentat ausführen? Waren es Deutsche oder nur Franzosen?

Tilo sagte: «Wir müssen mit den Verantwortlichen reden. Vielleicht hat das Team Telekom eine Drohung erhalten.»

«Oder die von Festina stecken dahinter.»

Alle blickten Kevin an.

«Glaube ich nicht», sagte Alexander.

«Und warum nicht?» fragte Kevin pampig. «Sind das Heilige?»

«Nein. Aber sie sind fair. Im Radsport geht es fairer zu als woanders. Überleg doch nur, wie viele Gelegenheiten die Fahrer unterwegs haben, einen, den sie nicht leiden können, in den Abgrund zu kippen. Und, ist jemals was in der Richtung passiert?»

«Und wenn das rauskommt», sagte Sonny. «Die können doch auswandern.»

Sie waren sich einig: Hier waren keine Profis am Werk.

Tilo sagte: «Wir müssen die beiden also nur finden. Kann ja nicht so schwer sein. Immerhin sind wir zu neunt.»

«Aber keiner von uns hat sie gesehen.»

«Wir wissen doch, wie ihre Maschinen aussehen, oder? Wir kennen ihre Trikots. Glaubt ihr, die rennen ab morgen wieder im Anzug herum? Die sind genauso verrückt wie wir. Die tragen Kluft. Die sind sportlich. Die sind nach Badenweiler gefahren. Und zurück.»

«Fragt sich nur, wo sie gestartet sind.»

So rückte Badenweiler immer stärker ins Zentrum ihrer Überlegungen. Zwei «Indurains» sollten zurück in den Schwarzwaldort, um sich dort umzuhören: bei Hotels und Pensionen, bei Gastwirten, vor allem in der Therme. «Ich stelle mir das so vor», sagte Willi. «Es gibt jemanden, der in der Therme ist. Zur Kur zum Beispiel. Die beiden besuchen ihn. Sie kommen nur her, um ihn zu treffen. Deshalb ziehen sie sich nicht um. Das heißt also, es gibt noch einen dritten, und der hat gestern mit uns zusammen gebadet.»

«Es war dieser Japaner», rief Alexander. «Der Drahtige, der den Salto versucht hat, obwohl Springen verboten ist.»

Sie ließen den Japaner fallen. Japaner hatten mit der Tour nichts zu tun. Allerdings wollte sich KaDe erinnern, im letzten Jahr von einem japanischen Fahrer gehört zu haben. Sieben «Indurains» wollten morgen die Etappe begleiten und sich bei den Teams Telekom und Festina umschauen. Willi sagte: «Wir müssen hinter die Kulissen kommen. Ich kenne die Tour nur aus dem Fernsehen. Und da sieht man die Fahrer und sonst nichts.»

Jetzt ging es darum, die beiden zu bestimmen, die nach Badenweiler fuhren. Zacharias meldete sich. «Ich nehme Kevin mit. Er war ja gestern auch dabei.»

Kevin wollte aber unbedingt bei der Tour bleiben, damit war die Sache erledigt, auch wenn Zacharias regelrecht um Kevin kämpfte. Sonny meldete sich dann freiwillig.

«Und wie wollt ihr hinkommen?» fragte Tilo.

«Vielleicht ist Paula so nett», sagte Sonny und bemühte sich nicht, sein schmieriges Grinsen zu verbergen.

7

«Ob ich was bin?»

«Meine Frage lautete: Sind Sie akkreditiert, mein Herr?»

«Äh … nein», sagte Tilo.

«Dann tut es mir leid», sagte der Mann mit dem Namensschild, der die Tür im Drahtzaun bewachte. Für ihn war die Unterhaltung damit offensichtlich beendet.

«Wir wollen nur kurz gucken», sagte Tilo, der wußte, daß er dabei war, vor den Freunden das Gesicht zu verlieren.

«Das wollen viele, mein Herr. Deshalb haben wir die Akkreditierung eingeführt.»

«Wie viele Leute sind denn bei Ihnen akkreditiert?»

«Bei der Tour? 3500, mein Herr.»

Sein Gesicht blieb ungerührt, aber Tilo las in den coolen Zügen die Worte: Und du Arsch bist der viermilliardste oder der dreitausendfünfhundertunderste. Auf jeden Fall bist du draußen, und ich bin drinnen.

Der Wächter blickte Tilo wichtig an und sagte: «Dazu gehören natürlich die 1800 Journalisten.»

«Na klar.»

«Und die 800 Werbetreibenden.»

«Versteht sich doch.»

«Ganz zu schweigen von den 180 Fahrern.»

«Wer könnte die vergessen?»

«Und die 13 000 Polizisten dürfen wir natürlich auch nicht außer acht lassen.»

«Natürlich nicht.»

Tilo hatte Lust, die Mütze dieses Kerls zu packen und sie ihm über die Ohren bis auf die Schultern zu ziehen.

«Das bringt nichts», sagte Willi und zog Tilo zurück.

Sie schlenderten auf der äußeren Seite des Zauns an der Wagenburg entlang. Im Inneren des Grals Wagen an Wagen, alle Farben, alle Fabrikate, aber in jedem Fall groß. Zwischen den Wohnmobilen und Campingwagen Trucks aus Italien, Frankreich, Belgien, Holland. «Da stehen die Maschinen drin», flüsterte Alexander ehrfürchtig. Die Dimensionen waren ungeheuer, sie marschierten an einer Stadt auf Rädern entlang. Zwischen den Wagen eilten Menschen hin und her, fast nur Männer. Auf den Dächern thronten Satellitenschüsseln, zwischen Trucks und Wohnmobilen standen Limousinen, alle vom Feinsten, nichts unter zwei Litern Hubraum. Die meisten beklebt mit den Logos der Rennställe.

«Das sind die Wagen, die nachher die Etappe mitfahren», sagte Kevin.

«Falsch», sagte Willi. «Was auf die Strecke darf, sind Fiats. Oder Lancia und Alfa, die zum Konzern gehören. Das ist der Sponsor, der bezahlt dafür. Wenn dazwischen ein Passat auftaucht, sprengen sie ihn in die Luft und werden im Prozeß freigesprochen.»

«Und wie verständigen sie sich?» fragte Kevin. «Rufen die von jeder Etappe hier an, wenn einer der Fahrer seine Zahnbürste vergessen hat?»

Tilo tätschelte Kevins Wangen. «Hey, aufgewacht, Junior. Du bist nicht mehr in Kleinkleckersdorf. Das hier ist die große weite Welt. Diese Stadt auf Rädern reist jeden Tag weiter zum neuen Ziel. Und das ganze 21mal.»

Sie sahen zu, wie an einem Truck die Luken dichtgemacht wurden. Aufbruch, der Jahrmarkt zog weiter. Tilo und Sonny hatten gestern auf den Schlaf verzichtet, sie waren mit Paula und ihrem Coupé nach Deutschland gefahren und hatten beide Wagen vom Parkplatz des Gasthofs geholt, weil sie als Privatdetektive größere Entfernungen zurücklegen mußten.

Dann drückten sie sich die Nasen am Zaun vor den Telekom-Wagen platt.

«Jan packt's!» rief Kevin begeistert.

Der rundliche Mann winkte ihm zu und sagte etwas.

«Der kann ja nicht mal Deutsch», sagte Kevin verdutzt.

«Das ist Europa», sagte Alexander. «Keiner versteht ein Wort, aber alle bezahlen mit Euro.»

«Das sind die Belgier», sagte Willi. «Godefroot, der Teamleiter von Telekom, und seine Leute.»

«Und wie reden die mit Jan?»

«Gar nicht. Der weiß alles.»

«Und sonst?»

«Englisch. Oder Plattdeutsch.»

«Und mit Bjarne?»

«Der kann Deutsch.»

«Aber was nutzt ihm das bei den Belgiern?»

«Vielleicht kann einer von denen Dänisch.»

«Verstehe ich nicht», murmelte Kevin. «Und was macht Lombardi? Die haben doch auch einen Italiener dabei.»

Der nächste, den sie sahen, stammte aus Deutschland. Er sagte kein Wort, aber sie sahen es ihm einfach an.

«Kurze Frage», sagte Willi. Der Deutsche kam an den Zaun. «Gerstenberg von der dpa. Ist das Gerücht schon bis zu Ihnen durchgedrungen? Stichwort; Attentat.»

Der andere kratzte sich am Zweitagebart.

«Also nicht? Oder was?»

Kratzen.

«Aber Sie verstehen mich?» Willi wiederholte alles auf englisch. «Mit wem müssen wir sprechen?»

Von hinten rief eine Männerstimme: «Frei.» Der Zweitagebart verschwand im Chemieklo.

«Bei James Bond kommt der Dialog irgendwie flüssiger», sagte Alexander.

«Dann mach du das doch, wenn du so schlau bist», sagte Willi wütend.

Tilo hatte inzwischen jemanden mit einem tragbaren Tonband entdeckt. Der Typ outete sich als Journalist und verriet ihnen, daß jedes Team über einen Pressesprecher verfügte, bei dem man um Termine mit einzelnen Fahrern nachsuchte. Er hatte auch eine Liste mit Namen und Telefonnummern. Zwar sah er anfangs nicht ein, warum er die Liste aus der Hand geben sollte, aber Tilo drückte ihm ein Argument in die Hand, dem er nicht widerstehen konnte.

Tilo sah ihm verächtlich nach. «Da geht sie hin, unsere freie, unbestechliche Presse. Ist überall das gleiche.»

Dann zog er sein Handy aus der Tasche und sagte: «Das ist jetzt wirklich wichtig.»

Tilo wählte mehrere Nummern, bevor er zu sprechen begann, überraschenderweise holländisch. Er hatte einen Mechaniker von Festina dran, der Tilo für denjenigen hielt, mit dem er sich abends treffen wollte, um über den Verkauf eines BMW-Motorrads zu verhandeln. Tilo brauchte zwei Minuten, um das richtigzustellen. Einen Pressemenschen bekam er nicht an den Apparat.

Sie schlenderten dann weiter an der im Abbau befindlichen Wagenstadt entlang. Nun war es auch möglich, auf die andere Seite des Zauns zu gelangen. «Achtet auf die Räder», sagte Willi. Aber sie sahen Maschinen nur auf der Ladefläche einiger Trucks. Kevin kletterte hinauf, war aber schnell wieder unten.

«Kinder!» rief Willi entschuldigend dem Wächter zu. Der zeigte ihm oder Kevin den Stinkefinger.

«Meine Güte, sind die empfindlich», sagte Kevin. «Wer weiß, vielleicht bin ich in fünf Jahren der neue Star bei denen. Dann kann ich sie rausschmeißen. Daran sollten die mal denken, bevor sie mich anscheißen.»

Tilo starrte den Jungen an und murmelte: «Muß das schön sein, so jung und so optimistisch.»

«Warum soll ich's nicht schaffen?» sagte Kevin, der sich immer mehr aufregte. «Komm, sag's mir, warum soll ich nicht eines Tages ganz groß rauskommen?»

Tilo war sich bewußt, daß Willi neben ihnen stand. «Hast recht», sagte er. «Du oder ein anderer.»

«Kein anderer. Ich!»

«Okay. Du.»

«Genau. Du glaubst also auch, daß ich's schaffe.» Kevin strahlte und tanzte selig zum nächsten Truck.

«Danke», sagte Willi.

Und Tilo sagte: «Dafür nicht.»

Um sie herum löste sich das Fahrerlager auf. Überall sprangen starke Motoren an, setzten sich Lastzüge in Bewegung. Außer den «Indurains» trieben sich einige Dutzend andere Zuschauer herum. Polizisten hielten ihre Uniformhemden in die schnell stärker werdende Sonne. Es gab nichts zu befürchten, das Unglück mit der größten Wahrscheinlichkeit war ein Zusammenstoß von zwei Autos.

Willi sagte: «Und nun?»

«Jetzt fahren wir zum Ziel», sagte Tilo.

Vom Start kam ihnen Alexander entgegen. Er wirkte wie aufgedreht, sprach ständig nach rechts und links Menschen an, um dann ebenso überfallartig in Gelächter auszubrechen.

«Seiner Schilddrüse geht's gut», sagte Tilo.

«Das ist nicht die Schilddrüse. Das ist die Uhrzeit. Vormittags sind Lehrer munter. Fallen erst ab 13 Uhr in ihre Starre.»

«Ist das nicht gigantisch?» sagte Alexander, als er die Freunde erreicht hatte.

Tilo sagte: «Wie sieht's denn aus? Verstehen die Franzosen dein Französisch?»

«Deine Anpisserei läßt mich kalt. Wir wären besser dran, wenn wir einige Französischlehrer unter uns hätten.»

«Ich wäre dann schlechter dran», stellte Tilo klar.

Alexander hatte eine Menge Offizielle und offiziell aussehende Leute angesprochen und sich beiläufig erkundigt, ob sie von irgendwelchen Drohungen gegen Fahrer gehört hätten. Nichts. Dann hatte er die beiden Attentäter beschrieben und sich als Freund von ihnen ausgegeben, der die beiden dringend suchen würde, weil sie zwei Tage nach dem Aufbruch in den Urlaub im Lotto gewonnen hätten und noch nichts davon wüßten. Das hatte bei Alexanders Gesprächspartnern regelmäßig ein großes Hallo gegeben, und mehr als einer hatte sich spontan als «Kollege» zur Verfügung stellen wollen. Alles ganz amüsant, aber ohne Erfolg.

«Okay», sagte Willi, «fassen wir zusammen.»

Tilo beugte sich zu Alexander und Kevin und sagte leise: «Guckt jetzt bloß nicht so, als ob ihr diese furchtbare Marotte schon seit Jahren kennen würdet.»

«Welche Marotte?» fragte Willi.

«Deinen Drang, alle 20 Minuten etwas zusammenfassen zu müssen.»

«Mache ich das so oft?» fragte Willi erstaunt und blickte drei nickende Gesichter an. Aber sein Resümee trugen dann alle mit. Sie hatten keine Chance. Das hier war eine Megaveranstaltung. Unvorstellbar, jemanden zu finden, von dem man so gut wie nichts wußte.

«Es ist eine Lotterie», sagte Willi. «Wenn wir Glück haben, laufen sie uns über den Weg.»

«Und wenn wir Pech haben, holen wir sie uns einfach übermorgen», rief Kevin. «Wir wissen doch, wo sie zuschlagen wollen.»

«Alexander», sagte Tilo, «wie lang ist der Anstieg hinauf zum Galibier?»

«Zwölfeinhalb Kilometer.»

«Zwölf Kilometer», sagte Tilo. «Und zwei Straßenränder. Macht 24 Kilometer, die wir im Auge behalten müssen. Wir sind zu neunt. Macht rund drei Kilometer für jeden.»

«Du kannst einem richtig Mut machen», sagte Alexander.

«Ich bin eben kein Lehrer. Ich bin Realist.»

«Und was machen wir nun?»

«Wir sagen Jan Bescheid.» Alle blickten Kevin so lange an, bis der begann, sich unwohl zu fühlen. «Ist doch wahr», murmelte er. «Wenn wir schon nicht die Polizei informieren wollen ...»

Alexander sagte: «Du willst also Jan aus dem seelischen Gleichgewicht bringen. Unseren Jan Ullrich, wegen dem wir alle hier sind und der unserem Leben einen neuen Sinn gegeben hat. Jan Ullrich, auf den in diesen Tagen die ganze Welt blickt ...»

«Bloß wir nicht, weil wir keine Zeit mehr haben, weil wir unbedingt Kalle Blomquist und die Detektive spielen müssen.»

«Unterbrich mich nicht. Ich könnte dein Klassenlehrer sein.»

«Aber ... aber ...», sagte Kevin verdattert. «Sie sind mein Klassenlehrer.»

Einen Moment sah es aus, als würde Alexander aus dem inneren Gleichgewicht kommen. Dann sagte er: «Lenk nicht ab. Es steht doch wohl fest, daß wir das, was wir tun, nur deshalb tun, weil wir wollen, daß Jan gewinnt. Wenn er die Tour gewinnen soll, darf er an nichts anderes denken. Drei Wochen Tour, rund um die Uhr nur die Tour.» Er lauschte seinen Worten nach und sang dann leise mit Fingerschnipsen: «Rund um die Uhr nur die Tour.»

Willi sagte: «Was uns unser Freund sagen wollte, bevor er zu den Rapsängern konvertierte, ist, daß man einem hochkonzentrierten Fahrer nicht mit Gerüchten kommen kann. Was soll er denn machen? Aufgeben? Einen Umweg fahren?»

«Leibwächter», rief Kevin. «Er hat doch genug Geld. Er heuert einfach Leibwächter an.»

«Zwölf Kilometer», sagte Tilo. «Zwölf mal zwei macht vierundzwanzig.»

«Okay», sagte Willi. «Nachdem wir uns alle gegenseitig desillusioniert haben, können wir ja weitermachen.»

Alexander sagte nachdenklich: «Hoffentlich haben unsere Agenten am Ziel mehr Erfolg.»

8

«Achtung, sie greifen wieder an!»

KaDe duckte sich und hielt beide Hände vors Gesicht. So prasselte alles auf Rücken und Arme. Er sah, daß Nicoletta ungeschützt dastand, und rief: «Paß auf.»

«Tu ich doch», sagte Nicoletta und wartete hoffnungsvoll auf die nächste Ladung. Diesmal griffen sie mit Käse an. KaDe ging in Sicherheit, und Nicoletta rief: «Guckt euch bloß diese niedlichen kleinen Laibe an.» Strahlend präsentierte sie den Männern rote Käsekugeln.

«Gnade», sagte Blumencron, «ich kann nicht mehr.» Anklagend hielt er Nicoletta den Beutel hin, den er aus seinem und KaDes Oberhemd geknotet hatte. Aber Nicoletta warf die Käselaibe zu den anderen Laiben, den Spaghettiproben, den eingewickelten Pralinen, den winzigen Salamis, den flachen Solartaschenrechnern, den Fläschchen mit Haarshampoo, den Konfitüren, Joghurtbechern und den vielen, vielen Schachteln mit Zigarettenproben.

«Die Hemden reißen gleich ein», sagte Blumencron.

«Ach was», rief Nicoletta. «Achtung!»

KaDe zog es vor, in der Hocke zu bleiben und das Werbegewitter einfach auszusitzen. Blumencron bekam eine Schachtel gegen die Brust. Es interessierte ihn nicht mehr, was sie enthielt. Die Neugier der ersten halben Stunde war längst Resignation gewichen. Nicoletta schwamm in einer Soße aus Euphorie. Der Zug der Werbewagen wollte einfach nicht enden. Der Kölner Karneval war eine mickrige Veranstaltung gegen den Bandwurm aus Autos, der die Zuschauer am Rand der Etappe, lange bevor die Fahrer auftauchten, mit Musik, Animation und einem Probenregen bei Laune hielt. Nicoletta, die sonst so beherrschte und rationale Nicoletta, war voll an ihrer Achillesferse getroffen worden: der Lust auf Schnäppchen und Gratisproben. Was sie seit zwei Stunden am Straßenrand erlebte, war für sie das Paradies. Aber sie wußte nicht, ob sie im Paradies zwei Dumme finden würde, die ihr die Schätze nach Hause schleppten.

Dann kamen die Wagen der Supermarktkette, die Wagen der ersten Versicherung, der zweiten, der vierten, sechsten, zwanzigsten. Die Wagen der Videoapparate, Philips, Panasonic, der ganze Katalog rauf und runter. Renault schickte seine Autos in den Konvoi, Citroen, Peugeot, Fiat und Lancia. Dann kamen die Autos, die für Pferdewetten warben und für Kinderkleidung. Natürlich kamen immer wieder Autos, die für Nahrungsmittel trommelten, für Kosmetik und Körperpflege. Tuben, Tüten und Schachteln flogen in die Menge.

«Was sollen wir denn damit?» fragte Blumencron. Das war für seine schweigsamen, nach innen gekehrten Verhältnisse fast schon ein Ausbruch an Redseligkeit.

«Erst mal einsammeln», rief Nicoletta und nahm dankend der Familie neben sich das Shampoo und den Käse ab. Schweren Herzens mußte sie dafür einige Zigaretten herausrücken. Aber dann flogen wieder Minizahnpastatuben durch die Sommerluft, und Nicoletta juchzte.

Später kam der Wagen der Kaffeefirma, ein Aufschrei ging durch die Menge. Frauen winkten und schrien hysterisch,

Männer hielten kleine Kinder in die Höhe. «Poupou! Poupou! Poupou!»

KaDe spürte, wie ihn Gänsehaut überflutete. Er sah den Mann am Steuer nur kurz. Sein linker Arm hing aus dem Fenster, er hob ihn eine Sekunde zum Grüßen, es wirkte nicht überheblich. Der Mann mußte heute noch viel winken, gestern und im letzten Jahr und die zehn Jahre davor auch.

Raymond Poulidor, der ewige Zweite, der Mann, der nie die Tour gewann und den sie nicht trotzdem, sondern dafür liebten. Ein lebendes Monument, ein Mann jenseits und oberhalb der Tagesmoden. Einer, der nichts mehr beweisen mußte. Er mußte sich nur zeigen, sie wollten ihn sehen und berühren. Sie kannten alle seine legendären Etappen, auf denen es sich entschieden hatte, daß es auch in diesem Jahr nichts werden würde, weil einer besser war als Poupou. Aber wenn es ein sportliches Ereignis gibt, bei dem der zweite Platz ein Triumph ist, dann bei der Tour. Poupou gehörte den Franzosen, und seine Kaffeefirma dankte dem Herrn dafür.

«Muß das schön sein», sagte KaDe, «wenn der Ruhm ein Leben lang hält!»

Nicoletta sagte: «Manchmal ist es besser, Schluß zu machen. Laß dir das von mir sagen. Was meinst du, Blumencron?»

Blumencron meinte gar nichts, jedenfalls sprach er es nicht aus.

Poulidors Erscheinung machte die Menschen glücklich. In allen Gesichtern war Freude. Nicoletta bekam eine Ahnung davon, was für ein jämmerliches Radsport-Entwicklungsland ihre Heimat war. Vor 20 Jahren hatten ja auch die Deutschen eine Ahnung davon bekommen, was die Tour sein kann. Didi Thurau 15 Tage in Gelb, am Ende der fünfte Platz. Große Klasse. Sie erinnerte sich noch an die Bergetappe, die ihn gefällt hatte. Sie wußte keine Namen mehr, aber sie hatte ein Bild im Kopf. Thurau, der vom Rad steigt. Thurau, der am Boden sitzt und weint. Sie war nicht sicher, ob es so abgelaufen war. Vielleicht hatte nicht er geweint, sondern eine junge Frau vor dem Bildschirm. Jetzt war Thurau Vater eines Sohns, zwölf Jahre oder 13, der Bengel gewann ein Rennen nach dem anderen, und der stolze Vater fraß mit dem Junior die Trainingskilometer. Manchmal hatte Nicoletta keine Lust mehr, bittere Witze über die scheinheilige Harmonie in deutschen Kleinfamilien abzugeben. Manchmal wollte sie einfach nur noch dazugehören.

«Poupou! Poupou! Poupou!»

«Ja doch», sagte sie und wehrte den außer Rand und Band geratenen Franzosen ab. Er hielt ihr die Flasche vors Gesicht. Nicoletta trank, reichte sie ihm zurück und sagte: «Poupou war ein großer Mann.» Der Franzose nickte und lachte. «Nein, nein», sagte sie, «er ist ein großer Mann. Verstehst du. Er ist ein großer Mann.» Der Franzose lachte und schlug ihr auf die Schulter. Ihm fehlte unten rechts ein Zahn, es stand ihm blendend. Das Lachen machte den Mann schön.

Als dann nur noch flirrende Hitze in der Luft war, als nichts mehr flog außer panischen Singvögeln und dann und wann ein abgefressener Apfelgrips, als der erste Motorradfahrer vorbeischoß, als sich plötzlich die Chemie der um sie herumstehenden Menschen änderte, erkannten es auch die drei Deutschen. Das Feld näherte sich. Nicoletta, die die wenigsten Hemmungen besaß, eine Sprache zu sprechen, die sie nicht beherrschte, fragte die Familie neben sich. Die Antwort war wort- und gestenreich.

«Na, was ist?» fragte KaDe.

«Sie kommen», sagte Nicoletta.

Die allgemeine Aufmerksamkeit richtete sich nach links. Die Sippen, die es sich in den Campingstühlen bequem gemacht hatten, reckten erst die Hälse und standen dann auf. Nur die Mama, übergewichtig und gut gelaunt, aber nach dem großen

Picknick müde, so müde, rührte sich nicht. Überall in der Menge quäkten Transistorradios. «Sag bloß, die übertragen die Tour hier sogar im Radio», sagte KaDe beeindruckt. Plötzlich Beifall und Jubelrufe. «Hört sich nicht gut an», sagte Nicoletta. «Wenn die Franzosen jubeln, ist das schlecht für Telekom.»

«Weil die keinen Franzosen haben», sagte Blumencron. «Ich hätte einen Franzosen ins Team genommen. Als Verbeugung vor der großen Radfahrernation. Das imponiert den Franzosen. Dann würden sie das Team Telekom noch mehr respektieren.»

Die Menschen summten vor Spannung. Zwei Motorradpolizisten fuhren vorbei. Lachen, KaDe erstarrte. «Da», rief er. «Habt ihr das gesehen? Habt ihr das gesehen?»

Sie hatten nichts gesehen, weil ein Mann versehentlich in den Beutel mit den Gratisproben getreten und gestrauchelt war. Erst fluchte er, dann fluchte Nicoletta, und dann sagte KaDe: «Die Helme, habt ihr die Helme gesehen?» Aber er schaffte es einfach nicht, die Aufmerksamkeit der Freunde auf sich zu ziehen. Als sie ihn beachteten, stand er abseits und hatte das Handy am Ohr.

«Tilo? Bist du das? Hör zu, hier sind eben zwei Polizisten vorbeigekommen. Auf dem Motorrad. Alle Leute haben gelacht, die hatten nämlich nicht die typischen Helme auf, die Motorradfahrer tragen. Die hatten so spezielle auf, die futuristischen aus dem Windkanal, wie die Zeitfahrer. Zacharias und Kevin haben doch gesagt ... Genau! Nein, ich habe nur auf die Helme geachtet, es ging auch alles so schnell. Ich war ja nicht darauf gefaßt. Aber es waren zwei ... beides Männer ... Was? Ja, Wahnsinn, wir haben eine Spur.»

KaDe ging zu den Freunden zurück. Aber wieder kam er nicht dazu, ihnen das Neueste zu erzählen, denn in einem Aufschrei erschien der Führende.

«Brochat! Brochat!»

Ihr Landsmann lag vorn, schlagartig war aus dem sonnigen Tag ein traumhafter Tag geworden. Er sah gut aus, sein Tritt war rund, hier war die Steigung schwach, hier würde er zulegen. Ein Stirnband bändigte das lange Haar, die Beine waren dünn, mickrig geradezu. Wie ein afrikanischer Langstreckler, nur Haut und Knochen. Brochat fliegt den Anstieg empor, seine Landsleute lassen ihn abheben. Die erste Alpenetappe, das Buch der Geschichte wartet. Eine Etappe bei der Tour, das ist nicht nur eine von 21. Ein Fahrer, der die Etappe holt, ist damit ein für allemal aus dem Kreis der Namenlosen herausgestiegen. Künftig ist er verzeichnet, die Plackerei hat sich gelohnt. 50000 Trainingskilometer wurden sinnvoll heruntergestrampelt. Er wird seinen Kindern stolz die Zeitungsausschnitte zeigen. *L'Equipe* berichtet seitenlang über jeden Etappensieger. Ein Sieg läßt seinen Marktwert emporschießen.

Brochat ist kein unbeschriebenes Blatt, er war schon Weltmeister, aber wenn er heute die Bergetappe gewinnt, wird er sich besser fühlen als bei der Siegerehrung für den Weltmeister.

Eineinhalb Minuten später kamen die Verfolger. 16 Fahrer, alle Favoriten: Ullrich, Riis, Virenque, Zuelle, Escartin. Am Straßenrand gingen nun auch die deutschen Zuschauer aus sich heraus.

«Jan sieht taufrisch aus», rief KaDe.

«Der Virenque ist schon mächtig am Wackeln», rief Nicoletta. Aber sie wußte selbst, daß eine ruhige oder unruhige Fahrweise nichts darüber aussagte, wie stark sich der Fahrer fühlt. Dennoch sah Ullrich beeindruckend aus. Er wirkte, als würde er genügend Kraft und Konzentration besitzen, um gleichzeitig noch etwas ganz anderes zu tun.

«Die kriegen den Brochat», sagte KaDe. «Kein Problem. Knapp zwei Minuten sind am Berg gar nichts. Außerdem ist dies erst der Aufstieg zum zweiten Gipfel. Zwei kommen noch.»

«Aber Udo ist dabei», sagte Blumencron zufrieden. «Und der Totschnigg auch. Telekom ist stark.»

Hinter den 16 Fahrern folgte gleich eine weitere Gruppe von 20 Fahrern, in der verzweifelt um den Anschluß gekämpft wurde. «Wahnsinn», rief Nicoletta. «Zabel ist dabei. Wenn der so weitermacht, wird noch ein Bergfahrer aus ihm.»

«Das geht nicht», sagte Blumencron. «Sprinter oder Bergfahrer. Entweder bist du das eine oder das andere. Ganz selten nur beides. Was du nicht bist, trainierst du dir nicht mehr an. Du kannst höchstens die schlimmsten Schwächen abstellen.»

Nun kamen sie: in kleinen Gruppen, zu zweit und auch allein. Bei einigen wirkte der Tritt schwer. Jeder Meter konnte der letzte sein. Ihre Gesichter sprachen Bände. Sie litten Schmerzen; unvorstellbar, wie sie die nächsten Tage überstehen wollten. Vielleicht würde es schon auf dieser Etappe mit ihnen zu Ende gehen. Da stieg der erste ab, sofort waren Zuschauer bei ihm, drei, vier, sie setzten den wie betäubt Scheinenden auf das Rad, dann schoben ihn zwei Männer den Berg hinauf.

Nicoletta, KaDe und Blumencron blieben stehen, bis der letzte Fahrer durch war. Die Führenden waren bejubelt worden. Das zersprengte Mittelfeld wurde beklatscht, die letzten zehn wurden enthusiastisch gefeiert. Enthusiastisch, nicht gönnerhaft. Dann kam der Besenwagen, dann war auf dieser Straße die Tour de France zu Ende.

«Los jetzt», sagte KaDe, «wir müssen zum Ziel. Die anderen kommen auch dahin.»

9

«Guck dir das an», sagte Tilo. «Da sitzen sie wie die Spatzen unterm Dach.»

Die Zellen der Kommentatoren für Fernsehen und Hörfunk waren schmucklos, geradezu primitiv, und wirkten beängstigend klein. Von hier gingen die Leitungen von über 50 TV-Stationen in mehr als 140 Staaten, die die Etappe live übertrugen. Im Ziel brummte und summte es vor Erwartung des Feldes. 30 Minuten, hatte der Sprecher erklärt.

«Wie sieht's aus?» sagte Willi. «Erfolg gehabt?»

Schon an der Art, wie Tilo ihn anblickte, las er die Antwort ab. Die Ausweise lässig hin und her wedelnd, reichte Tilo je einen an Alexander und Willi weiter, während er sich den dritten selbst ans Hemd steckte.

«Und ich?» sagte Kevin.

«Du mußt leider draußen bleiben.»

«Aber das geht nicht. Ich gehöre dazu. Das könnt ihr nicht machen.»

Tilo versuchte, ihm zu erklären, daß er nur drei Medienpässe ergattern konnte, weil sein Geld für mehr nicht gereicht hatte. Aber Kevin regte sich auf, wurde immer lauter, obwohl dieses Thema besser hinter vorgehaltener Hand diskutiert worden wäre. Es bedurfte eines Machtworts seines Vaters, um den erbosten Jungen ruhigzustellen. Jetzt tobte er nicht mehr, jetzt jammerte er: «Wo soll ich denn hin? Wir verlieren uns doch aus den Augen. Das könnt ihr nicht machen.»

Willi nahm seinen Sohn zur Seite. Die anderen sahen, wie er dort zwei Minuten auf Kevin einredete. Dann kehrten beide zurück, Kevin benahm sich untadelig. «Was hast du ihm gesagt?» wollte Alexander flüsternd wissen. Aber Willi verriet es ihm nicht.

Die drei Männer betraten das «Village», das Backstage-Dorf, das an jedem Zielort stand. Hier traf sich der Jet-set des Radsports, hier promenierten die Möchtegerne und Medienvertreter, aber auch die Heroen der vergangenen Jahrzehnte. Steven Roche würde man zu dieser Zeit hier nicht antreffen, auch Rudi Altig nicht, weder Lucien van Impe noch Bernard Thevenet und Roger Pingeon. Sie saßen in den Zellen der TV- und Hörfunkanstalten. Aber ein Mann wie der frühere Weltmeister Stablinski ließ sich sehen und wurde nicht beachtet – außer von Alexander, dem kein Gesicht durch die Lappen ging. «Guck da, Rolf Wolfshohl. Hat sich gut gehalten. Ist euch aufgefallen, daß Radfahrer selten fett werden?»

«Das ist wie bei Lehrern. Das viele Reisen hält schlank», sagte Tilo.

Dann sahen sie die ersten Radsportgroupies. Sie waren zu zweit, trugen diese knappest sitzenden Höschen, die Willi total aus der Mode geglaubt hatte. Ihre Beine nahmen kein Ende, aber das bißchen, was oberhalb der Beine saß, war jeden Blick wert.

«Unglaublich», murmelte Tilo. «Wie kann man nur so hundertprozentig nach Sex aussehen? Sagt mir, wie das möglich ist. Jede normale Frau hat immer noch irgendwas anderes, nach dem sie aussieht: Geld, Fingerfarben, Migräne, Menstruationsbeschwerden.»

«Menstruationsbeschwerden», sagte Alexander. «Dafür haben die beiden doch keine Zeit. Das würde doch alles nur von den Minuten abgehen, in denen sie es treiben können.»

Den Männern war bewußt, daß sie zwei exzellent aussehende Frauen gierig anstarrten. Aber das war es ihnen wert. Da stand die Art von Frauen, die in ihrer kleinen Stadt nicht existierte. Solche Frauen trafen sie auch nicht auf ihren Geschäftsreisen, selbst auf Messen nicht, und dort arbeiteten Dutzende Frauen, die nur ihres Aussehens wegen angeheuert werden.

«Die armen Wesen», sagte Alexander. «Was müssen die von uns Männern denken?»

«Wieso denken?» sagte Tilo. «Die müssen doch nicht denken. Das haben die doch nicht nötig. Das ist doch Zeitverschwendung.»

«Okay», sagte Willi. «Ich glaube, das reicht.»

«Für dich vielleicht, Ehemann. Geh ruhig weiter. Vielleicht steht da ja eine Kirche, die du besichtigen kannst. Wir bleiben noch etwas hier stehen und erfreuen uns an den Naturschönheiten.»

In dem Moment registrierte Willi zum ersten Mal den Mann, mit dem sich die Schönen unterhielten. Er trug ein grünes Uniformhemd und eine schön geschnittene Uniformhose. Er war ein Polizist, dem man das erst auf den zweiten Blick ansah. Und er stand vor einem Zelt, über dessen Eingang das Wort «Police» prangte. Jetzt trat eine junge Frau ins Freie, sie trug ein Tablett mit Orangensaft und Sekt.

«Die machen Werbung», sagte Alexander. «Suchen Nachwuchs. Ausgerechnet bei der Tour. Geschmacklos.»

«Da gehen wir rein. Du redest! Wir sind Polizisten aus Norddeutschland. Los jetzt», sagte Tilo, nahm sein Presseschild vom Hemd und schob den Freund in Richtung Zelt.

«Ich soll so tun, als ob ich Polizist wäre? Mann, ich bin Pazifist und habe den Kriegsdienst verweigert.»

«Logisch, Alexander. Das weiß keiner so gut wie deine geplagten Freunde. Aber ich glaube, die Franzosen finden deinen Pazifismus vielleicht nicht ganz so beeindruckend wie du.»

Es wurde sprachlich überraschend einfach, denn sie stießen auf Polizisten, die Englisch sprachen. Und einen gab es, der hatte eine Ehefrau aus Bremen, und sein Lieblingsgericht war angeblich Matjeshering. Da standen sie schon im Zelt, es war bullig warm, vorne lief ein Werbefilm und Alexander fragte: «Was soll das alles? Auf diesem Gelände darf doch gar kein normaler Mensch rauf.»

Die Vorführung war für die Medien, und Tilo, der schnell

schaltete, gab sich wieder als Journalist aus und mutierte, nachdem er kapiert hatte, daß die Schönen vor dem Zelt Deutsch und Englisch sprachen, zu einem TV-Journalisten.

Der Mann, der sich um die Deutschen kümmerte, war Kommissar Jean-Claude Hanotte aus Straßburg, von Herkunft und Wohnort zweisprachig und offenbar ohne Schweißdrüsen zur Welt gekommen. Seine Haut war trocken wie Mehl. Willi und Alexander ließen sich das französische Modell zur Rekrutierung von Nachwuchs für den Polizeidienst schildern. Sie lobten Hanotte und beantworteten kundig seine Fragen zu ihren Revieren, denn Willi und Alexander verfügten über Hintergrundwissen.

Dann kriegten sie die Kurve, denn Alexander sagte: «Sag mal, die beiden Flics mit den windschnittigen Schutzhelmen, die bei euch in der Karawane mitfahren, die haben die Helme doch einem Rennfahrer geklaut?»

Hanotte führte die Kollegen ins Freie, wo es meteorologisch und optisch wegen der benachbarten Schönen erträglicher war als im Zelt. «Ihr meint Siegfried und Roy. Das sind unsere besten Leute für die Nachwuchswerbung. Wenn die Kids die sehen, denken sie natürlich, das ist ein lockerer Verein.»

«Und? Wo ist der Haken?»

«Siegfried und Roy sind keine Cops.»

Siegfried und Roy waren, wie Hanotte es ausdrückte, «Generalisten». Sie lebten seit Jahren im Dunstkreis der Tour. Angeblich hielt einer der Tourdirektoren seine fürsorgliche Hand über die beiden. Sie hatten ihm wohl mal einen Gefallen getan. An den meisten Tagen chauffierten sie VIPs durch die Gegend. An jedem Tourtag wimmelt es von Ehrengästen. Politiker, Kulturschaffende, Wirtschaftsbosse, Repräsentanten der Firmen, die in irgendeiner Weise auf der Tour in Erscheinung treten oder als Sponsoren engagiert sind – Siegfried und Roy transportierten diese Gäste zwischen den oft sehr abgelegenen

Orten und dem nächsten Flugplatz hin und her. Wenn sie nicht chauffierten, machten sie sich auf andere Weise nützlich. Im letzten Jahr hatten sie zum ersten Mal für die Nachwuchsaktion der Polizei die Straßencowboys gespielt.

«Warum heißen sie Siegfried und Roy?» fragte Willi.

«Weil sie genauso beschissen aussehen. Sonnenbank, ihr versteht? Außerdem hatte Roy früher eine weiße Katze.»

Der Kommissar wußte nicht, wo die beiden jetzt zu finden waren. Er erinnerte sich aber an den Tourdirektor, mit dessen Protegierung sie gerne angaben. «Hinault?» sagte Alexander. «Wie der dreimalige Toursieger?» Hanotte nickte und wußte, wo sie diesen Mann mit Sicherheit antreffen würden: bei den Siegerehrungen.

Nun konnten sie nicht länger die Menschen ignorieren, die seit Minuten von rechts nach links strebten. «Unsere erste Zielankunft», sagte Willi ehrfürchtig. Hanotte wünschte ihnen viel Spaß. Er wollte sich das Spektakel im Fernsehen anschauen. Alexander fand es degoutant, sich wenige Meter neben dem Originalerlebnis mit einer Übertragung zufriedenzugeben. Er drückte den Sachverhalt höflich aus. Hanotte lachte und sagte: «Bei den ersten zehn Ankünften war ich natürlich dabei. Aber selbst bei der Tour fängt alles irgendwann an, sich zu wiederholen. Ich will euch den Spaß natürlich nicht verderben. Ich glaube, Ullrich gewinnt die Tour. Und ihr?»

Das glaubten sie auch. Allerdings hätte es die Höflichkeit erfordert, jetzt ein nettes Wort über Virenque fallenzulassen. Doch das Ziel wartete.

Auf den ersten Blick eine nicht sehr breite Straße, 300 Meter lang, rechts und links Gitter. Auf den zweiten Blick erkannten sie die Steigung. Sie war nicht gewaltig, aber die Straße stieg bis zum Zielstrich sanft an. Eine Schikane, die jeden Sprintversuch nach vier Bergen der ersten und Superkategorie zur Qual machen mußte.

Als die Fahrer sichtbar wurden, waren sie zu viert: Escartin, Zuelle, Virenque, Ullrich. Die Zuschauer explodierten, die Spannung legte sich wie ein Film auf die Haut. Keiner machte den Anfang, keiner wollte vorn sein, wenn es losging. Virenque unternahm einen Stehversuch, die drei Konkurrenten machten es ihm nach. Alexander berichtete, daß eine Gruppe mit 14 Fahrern zwei Minuten Rückstand hatte. Der Rückstand zerrann beständig, aber die vier wollten einfach nicht weiterfahren. Die Zuschauer wurden immer leiser. Es konnte sich nur noch um Sekunden handeln, um Sekunden, aber die Sekunden vergingen. Und dann legte Ullrich los. Setzte sich an die Spitze, fuhr mit ordentlichem Tempo, aber er spurtete nicht. Escartin ließ sich hinreißen und legte los, Virenque und Zuelle reagierten sofort. Ullrich wurde schneller, der Zielstrich, die Begeisterung, jeder schrie für seinen Favoriten, schlug mit den Handflächen auf die Absperrung. Escartin war vorn, dann Zuelle, jetzt mußte Ullrich kommen, aber er fuhr seinen Stiefel herunter, den Oberkörper viel zu hoch. Virenque überholte Escartin, Zuelle war vorn, Zuelle gewann, Ullrich wurde Dritter.

«Er hat nicht gespurtet», sagte Alexander ernüchtert. «Er hat ihnen den Sieg geschenkt. Er macht das gleiche wie im letzten Jahr. Da war er mit Virenque allein und hat ihm den Vortritt gelassen.»

«Arschloch», sagte Tilo. «Dafür opfere ich nicht meinen Urlaub, um mit ansehen zu müssen, wie ein junger Spund den großherzigen Max raushängen läßt. Ich will, daß er die Franzmänner filetiert. Und diesen riesigen Schweizer mit der Brille aus dem Sanitätshaus auch.»

Willi hielt den Mund. So war das also, wenn man dabei war. Live. Kein Fernsehapparat dazwischen, kein Telefon, nichts, was einen vom Leben abschneidet. Er war nicht zum ersten Mal bei einer großen Sportveranstaltung. Fußball-Länderspiel in Hannover, Sechstagerennen in Bremen und das Leichtathletik-Golden-Four-Meeting in Oslo. Alles schön, alles gut, aber die Tour de France war die Krönung. Als er an diesem Nachmittag, ungeschützt der brüllenden Sonne ausgesetzt, am Ziel der Etappe stand, fühlte er einen heiligen Schauer. Natürlich freute er sich auch und schrie genauso wie die anderen. Von außen unterschied ihn nichts von den Leuten. Aber er war so gerührt. Ihm wurde bewußt, daß er nicht mehr ernsthaft damit gerechnet hatte, jemals zur Tour zu kommen. Er hatte so viel davon geredet, und im Fernsehen schütteten sie einen zu mit der Tour. Eurosport übertrug jeden Tag mehrere Stunden lang live, und seitdem Ullrich vorn war, hatten auch die Öffentlich-Rechtlichen die Tour entdeckt. Die Öffentlich-Rechtlichen, die geborenen Nachahmer; auf der Welt, um Zweiter zu sein. Willi fuhr seit 18 Jahren Fahrrad. Zu Hause standen zwei Schränke voller Pokale. Er war zu gut, um seine Talente in dieser Bier- und Juxgruppe unter den Scheffel zu stellen. Aber er war zu alt, um Radfahren noch als Sport zu betreiben. Seit einiger Zeit schlingerte er in einem fürchterlichen Lebensstadium herum. Für immer mehr wurde er zu alt. Für so vieles kam er sich zu jung vor. Sie stempeln dich ab, wenn du 40 wirst, und wenn du 50 wirst und immer noch lebendig bist, holen sie den ganz großen Stempel heraus: «Vorsicht, 50! Enthält möglicherweise noch Leben.»

Er war in seinem Leben viel gereist, gern gereist. Er besaß Geld, natürlich zu wenig Zeit. Aber Marita drängte, wenn es sich als nötig erwies. Sie war eine kluge Frau. Schade, daß sie ihn nicht mehr liebte. Er hätte schon vor zehn Jahren zur Tour reisen können, vor 15, jedes Jahr. Die Tour war ja nicht das gleiche wie eine Audienz beim Papst, die man einmal hat und dann ist es genug. Die Tour war konzentriertes Lebensgefühl von einer Intensität, wie sie Willi bei nichts anderem verspürte. Bei keinem anderen Sport, beim Essen nicht, im Beruf nicht – und seit einiger Zeit auch nicht mehr beim Sex. Er hatte alle anderen Sportarten abgehakt, im Beruf genoß er jeden Tag, den der Betrieb noch lief. Aber er erwartete sich nichts mehr davon. Andere Exaltationen hatte er sich längst abgewöhnt, das Rauchen, das Trinken, und es war ihm nicht leichtgefallen. Er trank gern, immer noch. Nun war er sogar dabei, sich den Sex abzugewöhnen. Marita zeigte er sich nicht mehr nackt, aber er zeigte sich auch keiner anderen Frau nackt. Das eine Mal war nie geschehen, so viel Peinlichkeit war nie gewesen.

Willi lebte im Bewußtsein der eigenen Hinfälligkeit. Alle medizinischen körperlichen Werte zeigten nach unten, nichts wurde mehr besser, alles war nur noch eine Frage der Zeit. Er war 52 und erwartete nichts mehr. Nur die Tour. Die Tour war, was bei anderen Menschen Bypass, Porsche, Geliebte und Aktiendepot zusammengenommen sind. Lange Zeit hatte er sich verdächtigt, in die Tour alles hineinzustopfen, was ihm das tägliche Leben vorenthielt. Aber er wußte zuviel von der Tour, und was er nicht wußte, erfuhr er von Alexander, ihrem mobilen Lexikon. Das Radrennen war für Willi nicht mehr nur Sport. Er wußte, daß es für ihn die Metapher des Lebens war. Aber das hatte er niemandem gesagt und würde es auch niemals tun. Sein Schamgefühl war zwar auch nicht mehr das alte, aber es war noch nicht kollabiert wie bei manch anderem Freund und Kollegen, der ein Schwein war und sich als Charakterkopf bezeichnete. Es war die Begeisterung der Menschen an der Straße, es war die Hochachtung vor den Leistungen der Fahrer. Aber es gab noch etwas: Willi wäre so gern mitgefahren. Nicht nur 100 Meter, wie es immer wieder Witzbolde machten, wenn sie sich aufs Rad schwangen oder splitterfasernackt die Zielgerade hinunterrannten. Einmal für 15 Minuten ein Star sein, das war es nicht. Willi wollte mitfahren, alle Etappen, mehr als 20. Er würde es nie tun, er würde den zweiten Tag schon nicht überleben. Aber er hatte diesen Traum. Im Geiste fuhr er die Tour mit, seit vielen Jahren. Sie war sein heimliches Laster. Er wußte, daß er es niemandem klarmachen konnte, auch den Freunden nicht. Für sie war die Tour ein Spaß, ein Sport, ein Anlaß, um von zu Hause wegzukommen. Bei Willi war das anders. Die Tour war das Leben, das er nie gelebt hatte.

Vor ihnen tröpfelten die übrigen Fahrer ein, der Ausreißer Brochat mit der ersten Verfolgergruppe. Das Team Telekom war gut über die Alpengipfel gekommen, Riis befand sich mit Brochat in der Gruppe hinter dem Tagessieger. Zabel verblüffte alle. Der Supersprinter mit den dicken Oberschenkeln belegte einen hervorragenden Platz im Mittelfeld. Cipollini war heute morgen nicht mehr angetreten, Zabels andere Konkurrenten um das grüne Trikot hielten durch.

Nach der heutigen Etappe belegte Ullrich im Gesamtklassement schon den zweiten Platz. Virenque lag lächerliche 18 Sekunden hinter ihm. Der neue Leader hieß Alex Zuelle, Festina fuhr in Gelb. Alexander hörte sich unter den Zuschauern um. Ullrichs nobler Verzicht auf den Tagessieg war erkannt worden und wurde mit respektvollem Kopfnicken gewürdigt. Daß der Schweizer gewonnen hatte, akzeptierten die Leute mit weitausholenden Beweisführungen über die Taktik im Team Festina. Virenque war die Nummer eins im Team, Zuelle hatte die Aufgabe, ihn zum Gesamtsieg zu führen. Deshalb mußte Virenque seinen besten Assistenten bei Laune halten. Ein geschenkter Tagessieg war eine der edelsten Bestechungen. Zuelle war viel mehr als ein Edeldomestik. Er hatte die Vuelta gewonnen, er war in der Lage, auch die Tour zu gewinnen. Er hatte gewußt, daß er bei Festina in diesem Jahr nur die Nummer zwei war – so wie Ullrich es gewußt hatte, als er bei seinem ersten Tourauftritt als loyales Mitglied des Teams Telekom den Leitwolf Riis unterstützt hatte. Dabei war er bereits damals in der Lage gewesen, die Nummer eins zu werden. Aber vielleicht hatte er das nicht gewußt.

10

Die Siegerehrung begann, wenige Minuten nachdem der Erste über den Zielstrich gerollt war. Praktisch handelte es sich um ein Bündel von Ehrungen. Zuerst betrat der Etappensieger das Podium. Er bekam das Sponsorengetränk in die Hand gedrückt und den Löwen der Credit Lyonnais. Er bekam Blumen in Plastikfolie und Wangenküsse von zwei Mädchen, deren einzige Aufgabe es war, darauf zu achten, daß die Sponsorenutensilien auf Bildschirm und Fotografien zu erkennen waren. Danach die Siegerehrungen der Trikots: das grüne für den Punktbesten, das weiße mit den roten Punkten für den besten Bergfahrer, das weiße für den besten Tourneuling und als Krönung das gelbe für den Führenden in der Gesamtwertung. Cipollini hatte das grüne kampflos aufgegeben, Svorada streifte es sich über. Er war nicht traurig, daß er das gelbe verloren hatte, er kannte die Biologie der Tour. Zuelles Vorsprung in der Gesamtwertung vor den Verfolgern betrug nur Sekunden, aber das kümmerte ihn nicht. Er feierte das Fest, wie es fiel. Diesen Tag im gelben Trikot würde ihm niemand mehr nehmen können. Jan Ullrich lag eine knappe Minute zurück. 57 Sekunden waren in den Bergen weniger als im Flachland. Nach der heutigen Etappe hatte jeder der Favoriten gute Gründe, sich das Ergebnis schönzureden.

Die Presseausweise öffneten Willi, Tilo und Alexander den Weg hinter die Absperrungen. Sie gerieten in das Getümmel der Interviews mit Siegern und Plazierten. Es liefen 20 Interviews gleichzeitig. Manchen Fahrer kannte selbst Alexander nicht. Das machte ihn trauriger als die Freunde, denen er nicht mit der gewünschten Auskunft dienen konnte.

Jan Ullrich stand im Zentrum einer besonders großen Menschentraube. Die Freunde drängten von hinten, die vor ihnen keilten, ohne sich umzudrehen, mit Armen und Füßen aus. «Oha», sagte Tilo, «Ellbogengesellschaft.» Nun bekam er den Volkszorn zu spüren, weil er den Mund auftat, wenn Ullrich redete. Allerdings hatte der nicht viel zu sagen. Nur, daß er sich gut fühlen würde; daß ihn die Erkältung nicht mehr behindere; daß er sich auf die Alpen gefreut habe; daß er sich auf die nächste Etappe freue; daß er spüre, wie aufmerksam er aus dem Feld heraus beobachtet werde; daß er Zuelle den Etappensieg gönne; und nein, er sei nicht auf Teufel komm raus gesprintet, weil er nicht die Etappe gewinnen wollte, sondern die Tour de France. Seine härtesten Konkurrenten? Virenque natürlich. Und der eine, den man nicht auf der Rechnung habe. Die Stimmung im Team? Hervorragend, wie in einer Familie, eher noch besser, denn in einer Familie gebe es ja oft ein schwarzes Schaf. Im Team Telekom nicht. Wann er angreifen werde? Morgen – und nach den aufgeregten Kommentaren der Interviewer: «Ich werde den nächsten Berg angreifen. Und danach den nächsten. Sie stellen sich mir in den Weg, und ich werde nicht ausweichen. Das haben wir alle gemeinsam. Ich fahre die Tour nicht gegen Virenque. Ich fahre sie mit Virenque gegen die Berge.» Er dachte nach und sagte dann noch: «Und wir alle fahren sie mit Hilfe der Zuschauer. Es wird immer wieder gesagt: Ohne uns Fahrer keine Tour. Aber es gilt auch: Ohne diese tollen Zuschauer keine Tour.»

Die Worte flossen auf direktem Weg in die Herzen der einheimischen Reporter.

«Ein schlaues Kerlchen», sagte Tilo. «Wenn er jetzt noch Franzose wird, begraben sie ihn neben de Gaulle.»

Der Reporter neben Tilo drehte sich um und sagte: «Solche wie Sie sind der Tod.»

«Der Tod von was?»

«Der Tod von allem, woran man sein Herz hängen kann.»

Tilo wollte reagieren, aber Willi zog ihn zurück. «Was soll das?» fauchte Tilo. Willi wollte es mit einem Blick gut sein lassen, aber Tilo bestand darauf, eine Antwort zu bekommen.

«Die meinen das ernst», sagte Willi. «Denen bedeutet das was.»

«Ja und? Glaubst du, mir bedeutet es nichts?»

«Ich bin nicht sicher. Manchmal denke ich, du siehst die Tour genau wie deinen Job.»

«Und wie wäre das?»

«Zynisch. Oder nein: auf Erfolg aus. Nur auf Erfolg. Damit verstehst du die Tour nicht.»

«Aber du, was? Wer sein Leben lang mit Baggern im Matsch spielt, ist damit als Sensibilissimus ausgewiesen, wie? Ich will dir mal was sagen: Deine Sensibilität geht mir auf den Sack.»

«Warum regst du dich so auf?»

«Und das mag ich auch nicht. Erst mit Dackelblick die Welt in Gute und Böse einteilen. Und wenn ich mich wehre, wird der verschärfte Dackelblick eingesetzt, und ich bin endgültig der böse Bube. Du bist nicht der Papst, mein Lieber. Wir beide diskutieren miteinander, hier darf jeder seine Meinung sagen. Und deshalb sage ich dir jetzt, daß ich es etwas kitschig finde, wie du dich seit gestern benimmst. Wir sind hier bei einem Radrennen und nicht zu Besuch bei Mutter Teresa.»

«Du spinnst doch.»

«Frag die anderen. Die werden dir das bestätigen. Aber wahrscheinlich werden sie es nicht tun, weil sie zu feige sind, weil es ihnen wichtiger ist, daß Ruhe und Frieden herrschen.»

«Wovon redest du eigentlich?»

«Du bist einer von neun, mein Lieber. Du bist nicht der Kanzler, nicht mal der Chef. Du bist vielleicht der aktivste, aber das macht dich nicht zu einem besseren Menschen. Ich möchte hier meinen Spaß haben. Und wenn ich eine flapsige

Bemerkung machen möchte, dann mache ich sie und lege sie nicht vorher dem Zensor zur Genehmigung vor. Haben wir uns verstanden?»

«Und was soll das nun?» fragte Alexander und sah dem davonstürmenden Tilo nach. Willi spürte, wie flach er atmete. Er fühlte sich wie nach einer körperlichen Anstrengung. Alexander, konfliktscheu aus Neigung, wechselte das Thema und erkundigte sich nach Kevin. Aber Willi winkte ab und ging einfach davon. Nun war Alexander eingeschnappt. Willi mußte nur einmal fragen, dann war er schon am Ziel. Als er den Mann hinter dem Wagen sah, auf dem die Siegerehrungen stattfanden, ahnte er es schon. Aber es war Alexander, der herausplatzte: «Ach, du meine Güte. Das ist er. Bernard Hinault, dreimal Toursieger. Ach, du meine Güte.»

Hinault war von Menschen umlagert und rief ihnen auf französisch zu: «Schlechter Zeitpunkt.»

«Wir warten», sagte Alexander.

«Quatsch», sagte Willi zu ihm. «Der hat erst wieder nach der letzten Etappe Zeit für uns. Das muß jetzt sein.»

Er kämpfte sich neben Hinault, kramte sein Englisch zusammen und fragte Hinault nach Siegfried und Roy. Er blickte ihn überrascht an. «Haben die beiden etwas ausgefressen? Wäre nicht das erste Mal.»

Willi bestritt das wider besseres Wissen und log dem prominenten Tourdirektor vor, eine Reportage über die beiden schreiben zu wollen. «Die Tour aus einem ungewöhnlichen Blickwinkel. Nicht Fahrer, nicht Zuschauer, etwas dazwischen. Aber kein trockenes Porträt, sondern Leute, die bunt sind und viel zu erzählen haben.»

«Das haben sie», sagte Hinault lachend. «Versuchen Sie's mal im *Carcassonne*.»

Das war ein Hotel im nächsten Ort, vier oder fünf Kilometer entfernt. Willi wollte weiterfragen, aber nun stürzte sich ein

Kamerateam auf Hinault, Willi wurde rücksichtslos an den Rand gedrängt und mußte aufpassen, daß er nicht vom Wagen stürzte.

Vor der Sicherheitszone wartete Kevin. Er strahlte, weil er ein Autogramm von Udo Bölts ergattert hatte. Immer wieder hob er sein T-Shirt in die Höhe und präsentierte den Schriftzug auf der nackten Brust. «Ist ja wohl klar, daß ich mich nicht mehr wasche», kündigte er an. Bei ihm waren Nicoletta, KaDe und Blumencron. Sie hatten keine Presseausweise ergattert, aber statt dessen Dutzende Polizisten angesprochen und im mehrsprachigen Kauderwelsch reizende Mißverständnisse produziert.

Nicoletta sagte: «Das ist Scheiße mit der Sprache. Wo steckt Tilo?»

«Der hat zwei schöne Frauen kennengelernt», sagte Willi höhnischer, als er es vorgehabt hatte.

«Warum lernt der immer Frauen kennen und ich nicht?» sagte Kevin muffig.

«Weil er seinen Körper besser einsetzt. Alle Teile.»

Alle starrten Blumencron an.

Der Weg in den Nachbarort entwickelte sich zur Tortur, weil sie in den Abmarsch der Zuschauer hineingerieten. Viele von ihnen waren mit dem Fahrrad angereist, aber noch mehr mit dem Auto, die talwärts führende Straße war total verstopft. Willi befragte die Landkarte. Sie hatten Glück. Nach zwei Kilometern mußten sie abbiegen, das Dorf lag in einem kleinen Nebental. Es gab keinen Durchgangsverkehr, deshalb würde ihnen dort ein Stau erspart bleiben.

Das *Carcassonne* war kein Hotel, sondern ein Gasthof, der zehn Zimmer vermietete, die heute natürlich ausgebucht waren. Siegfried und Roy? Das halbwüchsige Mädchen am

Empfang lachte. Das seien doch die beiden Witzbolde. Ja, die würden hier wohnen. Nein, sie seien nicht da. Sie wisse nicht, wann sie wiederkommen würden. Die Freunde fragten jeden in der Gaststube. Keiner wußte Näheres. KaDe gab einen Cassis aus, alle belagerten die Theke. Die beiden Einheimischen machten Platz. Kurz darauf kam der Patron ins Haus, er trug eine Plastikschüssel, die mit einem Handtuch abgedeckt war, und fand es gar nicht gut, daß sich plötzlich wildfremde Leute zwischen ihn und den Kühlraum stellten. Er ließ erst mit sich reden, als er aus dem Kühlraum zurückkehrte. Siegfried und Roy? Natürlich kannte er die beiden. Sie stiegen seit langem bei ihm ab. Nicht jedes Jahr, weil die Tour nicht in jedem Jahr denselben Verlauf nahm, aber an die beiden würde man sich jederzeit erinnern. Er wußte nicht, wann sie zurückkehrten. Aber er wußte, was sie morgen tun würden. «Morgen helfen sie mit, den Galibier vorzubereiten.»

Alexander sagte: «Aber der steht doch erst übermorgen auf dem Programm?»

«Ich sagte ja: vorbereiten. Die Strecke kontrollieren.»

«Sie meinen, die Gitter aufstellen?»

«Nein, nein. Die Strecke abfahren. Gefahrenpunkte eliminieren. Falsch geparkte Autos entfernen. Sie wissen doch, wie viele Menschen zum Galibier kommen.»

Der Wirt rechnete, als er die Nationalität der Freunde erkannt hatte, fix die Cassispreise aus, weil es sich lohnen könnte, redseliger zu sein. Doch die Germanen waren nicht scharf aufs Trinken, sie waren scharf auf Siegfried und Roy. Hinter dem Haus lag die Terrasse. Von hier ging der Blick weit über die Almen auf die Berge. In 900 Meter Höhe war die Luft angenehm, die Freunde entspannten sich. Friedlich wurden die Erlebnisse des Tages ausgetauscht. Kevin zeigte sein Autogramm vor. Zwei Tische weiter saß ein Ehepaar aus den Niederlanden mit zwei pubertierenden Töchtern, denen man ihre künftige Schönheit schon ansah.

Es wurden Flußkrebse serviert, danach Lamm und Zander an Linsen, danach eine Käseplatte, die selbst die zahlreichen Ziegen- und Schafverächter unter den «Indurains» hinriß. Dazu ein leichter Weißwein, der keinen Namen besaß, aber eine Seele aus Gold.

KaDe sagte: «Ist euch eigentlich klar, was für einen ungeheuren Fraß wir bei uns zu Hause seit Jahren in uns hineinschaufeln?»

«Laß dich doch scheiden», sagte Nicoletta. Aber sie gab KaDe recht. Südlich des Mains war nicht nur das Wetter besser. Und östlich des Rheins setzte sich fort, was gestern westlich des Rheins seinen hoffnungsvollen Anfang genommen hatte.

Alle 30 Minuten erkundigte sich einer am Empfang nach Siegfried und Roy.

Zwischendurch ging natürlich auch jemand zur Toilette. Als KaDe sich schwer in den Plastikstuhl fallen ließ, öffnete Alexander den Mund, schloß ihn wieder und sagte dann: «Zu blöd, daß wir eine Frau dabeihaben. Ich habe mir eben einen wunderschönen Scherz aus dem Bereich der Prostatabeschwerden verkniffen.»

«Laß es ruhig laufen, mein Lieber», ermunterte ihn Nicoletta.

«Siegfried und Roy haben auch Probleme. Einer hat zum Beispiel Zahnfleischbluten, und nicht zu knapp», sagte KaDe.

Erst dachten alle, er habe sie im Gasthof getroffen. Willi schaltete schneller und sagte KaDe, wenn auch leise, auf den Kopf zu, daß er ihre Zimmer durchsucht hatte. Am Tisch änderte sich die Atmosphäre. KaDe ein Einbrecher? Undenkbar. Aber KaDe bestätigte es freimütig, gab zu, daß er alle vier Schlüssel vom Brett genommen habe. Erst zwei, dann wieder zwei. Die ersten beiden Zimmer Fehlanzeige, mit Frauenutensilien gepflasterte Badezimmer. Zimmer drei und vier Volltreffer. In einem Zimmer ein Tourausweis auf den Namen Gerard Wirth. Im anderen Radsportunterlagen und Werkzeug. Auf einem Notizzettel am Telefon einige Nummern, unter dem Notizzettel ein Männermagazin für Liebhaber rasierter Geschlechtsteile. Nirgendwo tauchte der Name Ullrich auf oder Telekom oder Namen oder Unterlagen, die den Verdacht erhärteten. In einem Badezimmer eine Zahnbürste mit rot gefärbten Borsten und eine Flasche zum Einpinseln des Zahnfleisches.

«Unser KaDe», sagte Willi fassungslos. Am meisten wunderte ihn, wie ruhig KaDe wirkte. Wie ein Schlafwandler, dachte er.

«Und was lehrt uns das?» fragte Alexander. «Daß die Kerle sauber sind oder so professionell, daß sie nichts herumliegen lassen.»

«Warum sollen sie?» fragte Willi. «Wir haben ja gehört, daß sie seit Jahr und Tag bei der Tour sind. Die kennen doch jeden. Die müssen sich keine Namen aufschreiben. Wäre natürlich gut, wenn wir die Telefonnummern hätten, die du gesehen hast. Aber man kann nicht alles haben.»

Noch während er sprach, legte KaDe ihm den Zettel hin. «Man faßt es nicht», sagte er, während Alexander loszog, um die Nummern abzutelefonieren.

«Laßt uns Tacheles reden», sagte KaDe. «Was ist, wenn die beiden jetzt auftauchen? Wir können sie ja nur fragen. Entschuldigen Sie, planen Sie zufällig ein Attentat auf Jan Ullrich? Kommen Sie dabei gut voran, ja? Wie schön.»

«Okay, okay», sagte Willi. «Was können wir sonst tun?»

«Die beiden fesseln, bis die Etappe vorbei ist.»

Willi blickte sich erschreckt um, aber KaDes Einwurf hatte niemand am Nebentisch gehört. «Ich werde euch sagen, was wir machen», sagte er. «Wir fahren morgen den Galibier. Auf dem Rad. Das hat drei Vorteile. Erst einmal tun wir das, was wir sowieso tun wollten. Zweitens nehmen wir die Strecke unter die Lupe und entdecken vielleicht Manipulationen oder einen Hinterhalt oder was weiß ich. Jedenfalls etwas, was nicht so ist, wie es normal wäre. Drittens haben wir eine echte Chance, Siegfried und Roy zu beobachten.»

«Aber das merken sie doch», sagte Nicoletta.

«Sie haben uns doch nicht gesehen.»

«Aber wenn wir warten, bis sie zurückkommen, sehen sie uns.»

«Ja, aber wie sollen wir sonst wissen, wen wir beobachten sollen?»

«Kein Problem. Die tragen garantiert ihre Helme. Das sind sie sich schuldig als Showmen. Und ihre Radfahrerkluft. Oder ihre Polizistenuniform. KaDe, was hing im Schrank?»

Im Schrank hing die Radfahrerkluft in zweifacher Ausfertigung. Ansonsten Sommerklamotten, Hawaiihemden, bequeme Hosen, lang und halblang.

«Rasierte Muschis?» sagte Nicoletta plötzlich. KaDe nickte, Willi hatte das Gefühl, als würde ihm jemand Eiswürfel in den Nacken pressen.

«Wir warten», sagte Willi. «Wenn wir sie sehen, müssen sie uns nicht automatisch bemerken.»

«Aber der Wirt weiß, daß wir sie suchen.»

«Gut, dann so: Wenn sie uns sehen, schicken wir ihnen morgen die auf den Hals, die sie noch nicht gesehen haben: Zacharias und Sonny.»

Alexander kam vom Telefonieren zurück. Vier Nummern, zwei Nieten. Eine war die Einsatzzentrale der Polizei bei der Tour, bei der anderen hatte ein kleines Kind abgenommen, begeistert geplappert und den Hörer auf die Gabel gepfeffert, daß es Alexander im Ohr weh tat.

Siegfried und Roy kamen nicht. Um 22 Uhr nicht, um 23 Uhr nicht. Die «Indurains» wurden nervös. Nicoletta sagte: «Wenn ich morgen Leistung bringen soll, muß ich ins Bett. Wir ernähren uns sowieso völlig falsch.»

Aber sie gab zu, daß es vorzüglich geschmeckt hatte.

Kurz vor Mitternacht brachen sie auf. Als Nicoletta die Beifahrertür aufriß, fiel ihr der schlafende Tilo in die Arme.

11

Das Wetter war unbarmherzig, aber das Wetter würde ihn nicht besiegen. Er wollte in die Höhe blikken, aber kein Muskel übernahm die Aufgabe, den Kopf so weit zu heben, daß er einen Blick auf den Gipfel werfen konnte. Die Straßendecke hatte ein interessantes Muster, da standen noch nicht viele Namen auf der Straße. Aber man war bereits unterwegs mit Eimer und Pinsel, freundlich gegrüßt von den Polizisten. Sie hielten die Maler vom Malen ab, aber nur, um mit ihnen über Ullrich zu reden und Virenque natürlich. Ein Cop hatte von Jaja geschwärmt, von Jalabert, dem zierlichen Mann mit der grandiosen Begabung. Willi liebte Jalabert seit dieser Etappe vor fünf Jahren. Oder sechs. War es die Vuelta, wo Udo Bölts seinen mutigen Soloritt unternommen hatte? 100 Kilometer vor dem Feld, mit giftigen Anstiegen, rechts und links eine Mondlandschaft ohne Erbarmen, nur Sonne, nur Schmerz. Bölts war gefahren wie ein junger Gott. Aber irgendwann waren sie im Feld aufgewacht, Jaja zum Beispiel. Willi einsam vor dem Bildschirm, und Bölts büßte auf jedem Kilometer Vorsprung ein. Jaja sprengte auch noch das kleine Verfolgerfeld, saugte sich an Bölts heran. Keine zwei Kilometer mehr bis zum Ziel, als der Deutsche frische Luft verspürte. Jaja flog an ihm vorbei wie ein Pfeil. Der Mut von Bölts war umsonst gewesen. Jaja flog zum Ziel, aber Jaja blickte sich um, er redete mit Bölts. Willi war aufgesprungen: Er verhöhnte den Geschlagenen. Das war gegen alle Standesregeln. So übel hatte noch nie ein Pedaleur die Ethik in den Schmutz gezogen. Jaja hörte nicht auf zu reden, und Bölts – erst wie erstarrt und auf dem Rad nur noch stehend – begann wieder zu treten. Er sah nicht gut aus, ihm tat alles weh, aber er fuhr wieder Rennen, und Jaja blieb an seiner Seite, sicherte nach hinten. Bölts fuhr, Jaja bei ihm, das Ziel, es waren ja nur noch ein paar Meter, jetzt der Spurt, wo Jaja ihn pulverisieren würde. Aber er spurtete nicht, er blieb einen Meter hinter Bölts, so fuhren sie über den Strich, Bölts hatte die Etappe gewonnen. Als er wieder sprechen konnte, erzählte er den Reportern die Geschichte. Willi hatte sich zehn Zeitungen gekauft, die deutschen Medien machten viel zuwenig aus dem Vorfall. Jaja hatte freiwillig auf den Sieg verzichtet. «Udo war so lange allein gefahren. Es wäre unmenschlich gewesen, ihn kurz vor dem Ziel um die Früchte zu bringen. Er hat den Sieg verdient.» Jaja Jalabert, seit diesem Tag verehrte Willi einen Helden. Seine Freunde hatten ihn nicht begriffen. Sie fanden Jalaberts Tat respektabel, mehr nicht. Willi hatte den Mund gehalten und diesen Tag in seinem Herzen eingeschlossen. Seitdem verfolgte er Jalaberts Karriere. Als er 1997 völlig unerwartet Weltmeister im Straßenzeitfahren wurde, hatte Willi feuchte Augen bekommen. Es gab eine Gerechtigkeit, das ist wahr und wird wahr bleiben.

Das Wetter war unbarmherzig, aber das Wetter würde ihn nicht besiegen. Er wollte in die Höhe blicken, aber kein Muskel übernahm die Aufgabe, den Kopf so weit zu heben, daß er einen Blick auf den Gipfel werfen konnte.

«Nicht aufgeben, Bartali», schnaufte Alexander, der plötzlich an seiner Seite auftauchte. War es schon so weit, daß selbst trainingsfaule Lehrer mit ihm mithalten konnten? Er konzentrierte sich, wie er es am Berg stets tat, auf seine Schuhe. Sie waren fest mit den Pedalen verbunden, waren Teil eines Motors, dessen einzelne Teile sinnreich ineinandergriffen und Rad samt Fahrer emportrugen. Seine Beinmuskeln riefen um Hilfe. Sie versuchten es so und so: mit Demut und mit beißender Wut. Willi fuhr Rad, um sich zu beweisen. Er war immun gegen Kommentare von Freunden oder Fremden. Natürlich genoß er Lob über seine Ausdauer oder den Wert seines Rades. Aber deshalb fuhr er nicht. Er wollte sich spüren, wollte vergessen, daß er auf die 60 zuging und daß in dieser Welt altehrwürdige Regeln im Geschäft, in der Liebe und im Sport von Tag zu Tag weniger galten. Er war einer der letzten Aufrechten, mit ihm endete eine Ära, ein stolzes Jahrhundert. Willi hatte schreckliche Angst, daß alles den Berg hinabgehen könnte: die Wirtschaft, die Renten, das Fair play, die Treue, die Loyalität, die Verläßlichkeit, die Freundschaft. Er fuhr nicht nur gegen den Berg, sondern gegen die Zeit. Vielleicht war schon alles zu spät, aber er wollte nicht derjenige sein, bei dem man die weiße Fahne entdeckte.

«Habe ich dir schon die Geschichte von Anquetil erzählt?»

«Alexander, tu mir den Gefallen und halt die Klappe.»

Alexander hielt die Klappe, er ließ sich zurückfallen, damit Willi nicht aus dem Rhythmus kam. Er rollte am Rand aus, stellte einen Fuß auf die Straße und sah sich um. Die Straße gehörte den Amateuren. Wo übermorgen die Profis emporschnellen würden, zockelten heute zahlreiche Einzelfahrer und Grüppchen Serpentine für Serpentine hinauf. Die Straßenränder waren schon gespickt mit Pkws und Wohnmobilen. Die Verrückten reisten Tage früher an, sie würden in ihren Autos schlafen und in die Büsche scheißen, aber wo gab es hier noch Büsche? Oberhalb von 2000 Metern wuchs kein Baum mehr, Alexander stand in der prallen Sonne, er wußte, daß er vier Pfund leichter ins Hotelzimmer kommen würde. Er konnte nicht gegen den Verlust durch Schwitzen antrinken, ihm brachte kein Wasserträger gefüllte Flaschen ans Rad. Er war auch nicht der Typ, der wie Tilo fremden Fahrern Getränke abschwatzte. Er hatte für diesen Zweck immer Geld in der Trikottasche.

Da vorn fuhr er, Tilo, der sich vor jeder Tour der «Indurains» um seine Frisur sorgte. Er mußte der Schönste sein, Zweiter war wie eine Niederlage. Alexander sah nichts im Leben verbissen, weder den Job, noch das bißchen Beziehung, das in seiner Ehe von dem großen Aufbruch übriggeblieben war. Alexander war in einer Weise ehrgeizlos, die regelmäßig Widerspruch herausforderte. Aber er regte sich einfach nicht darüber auf. Alexander besaß keine hochgesteckten Ziele, sein größter Ehrgeiz war es, pro Jahr nicht weniger als vier Urlaubsreisen zu absolvieren. Er fuhr Rad, weil es ihm leichtfiel. Hätte er sich schinden müssen, hätte man ihn nie bei der Tour gesehen. Alexander war ein anständiger Mann, weil er gar nicht die Energie besaß, die die Voraussetzung für Illegalität ist. Er verabscheute es, wenn sich Menschen in Diskussionen ereiferten, dann schoß er quer, spielte den Clown, zog den Ernst durch den Kakao. Moral, Revolution, Kompromißlosigkeit, bis an die Grenzen gehen – davor grauste es Alexander. Er war auf der Welt, um Spaß zu haben, und hatte den Beruf gewählt, der ihm die besten Chancen eröffnete, mit wenig Arbeit relativ viel Geld zu verdienen, dabei gleichzeitig nicht unter Leistungsstreß zu stehen und in der Gestaltung des Jobs so viel Spielraum zu besitzen, daß ihm niemand an den Karren fahren konnte. Er begann morgens um acht und war um 13 Uhr fertig, hatte 14 Wochen Urlaub im Jahr, die er regelmäßig um vier Wochen Krankheit ausdehnte. Und mit spätestens 53 würde er in den Ruhestand treten, die Begründung stand bereits fest. Sie kursierte landesweit unter befreundeten Pädagogen und war eine rechtlich und medizinisch unanfechtbare Melange aus psychischen Erschöpfungszuständen und chronischen Rückenproblemen.

Alexander liebte das Radfahren, weil es ihm leichtfiel und weil er nicht zu Hause sein mußte. Seine Frau war eine engagierte Lehrerin, er konnte mit ihr einfach nicht mehr reden.

Eines Tages war ihm ein Buch über die Geschichte der großen Radrundfahrten in die Hände gefallen: Tour de France, Giro d'Italia, die Vuelta. Das hatte ihn gepackt, er las gern über Menschen, die sich angestrengt hatten. Am Anfang war es ihm darum gegangen, den anderen zu beweisen, daß auch er in der Lage war, sich zu engagieren. Dann hatte er die Legenden genossen, zumal sie ihm die Möglichkeit eröffneten, einen Ruf als Experte zu erwerben. Er hatte schon auf die Karte Radsport gesetzt, bevor Jan Ullrich die Deutschen entflammte. Von dem Vorsprung zehrte er bis heute. Alexander wurde zum Lexikon der Tour. Er kannte alle Etappen, alle Tragödien, alle Siegerritte. Der Reserveschlauch über der Brust war Alexanders Markenzeichen. Jahrelang waren die Altvorderen der Tour so herumgefahren. Jetzt tat es nur noch Alexander. Der Schlauch war sein Erkennungszeichen geworden, fremde Fahrer hielten ihn an und bezeugten ihm Respekt für die nostalgische Idee. Ursprünglich war es nur ein Tick, eine ulkige Idee, ein Mummenschanz gewesen. Doch der Schlauch besaß eine seltsame Kraft, Alexander begann die Heroen wirklich zu schätzen: Stöpel, Koblet, Kübler, Coppi, Bartali. Alexander wurde von etwas gepackt, was er anfangs kleinmachte mit Worten. Aber die Heroen knöpften sich den Alexander vor und verwandelten ihn. Das verblüffte ihn. Wer war er denn, daß er auf seine alten Tage noch anfing, Euphorie zu entwickeln? Die Heroen nahmen sich fünf Jahre Zeit, aus denen Alexander als ausgepichter Kenner der großen Rundfahrten hervorging. Er hatte ein Wissensquiz im Lokalradio gewonnen und mehrere Artikel für die Heimatzeitung verfaßt. Er besaß ein kleines Archiv und hatte sein letztes Rennrad mit 20 Prozent Rabatt erstanden, weil der Verkäufer seinen Namen kannte.

«Schlauch hier nicht rum», schnaufte KaDe und zog in seiner unnachahmlich wiegenden Art an Alexander vorbei.

«Bye, bye, Bypass», rief der ihm hinterher. KaDe war auch so einer, den Alexander nicht verstand. Mit drei Bypässen hätte er, Alexander, die Beine hochgelegt, nachdem er sich einen blitzschnellen Abgang in den Ruhestand verschafft hatte. Ein Bypass wäre ein Geschenk des Himmels gewesen. Aber KaDe rabottete seit der letzten Operation noch mehr als vorher. «Armer Irrer», murmelte Alexander.

«Frauen von der Straße!» rief Kevin und trat in die Pedale.

«Halt dich zurück, sonst freß ich dich zum Frühstück», rief Nicoletta und konterte den Angriff. Sie befand sich schon in dem Stadium, das sie so ersehnte. Die Lungen brannten, die Brust pochte, aber sie setzte noch einen drauf. Sie freute sich schon auf die Massage hinterher. Man konnte gegen Tilo sagen, was man wollte. Aber er konnte zulangen beim Massieren. Sie mußte ihn nur noch dazu bringen, daß er es tat. Bei ihr. Heute abend. Vorher mußte sie noch dem kleinen Kevin zeigen, wozu Frauen auf der Strecke fähig waren. Sie trat an und genoß den Schmerz. Er zeigte ihr, daß sie lebte. Nun mußte sie nur noch herausfinden, wozu.

12

Willi spürte ihn. Er genoß es, hinter ihm herzufahren. Es bedeutete ihm mehr als ein schneller Überholvorgang. «Ich liebe alles, was den Akt verlängert», hatte Tilo vor kurzem gesagt. «Egal, welcher Akt.» Willi stieg aus dem Sattel, trat ruhig und gleichmäßig. Aber der Gang! Dieser unsägliche Gang! 42 Zähne auf dem vorderen Kettenblatt, 26 Zähne auf dem größten Ritzel hinten. Auch bekannt als: kleinster Gang. Willi kannte die Zahlen auswendig: 3 Meter 45 bei einer Pedalumdrehung. Ein Wert, bei dem Profis vor Lachen vom Rad fallen. Aber hier ging es nicht um Profis, hier ging es um Tilo, der nicht überholen wollte, obwohl er zweifellos dazu in der Lage gewesen wäre.

Nun legte er einen Zahn zu, aber nicht im Tempo, sondern in der Infamie. «Hast du schon was Auffälliges gesehen?»

Als ob Willi noch in der Lage gewesen wäre, jetzt zu antworten. Er trat und trat, überlegte, ob er den Gang wechseln sollte, aber ein Rhythmuswechsel war zu riskant. Es sei denn, er würde einfach …

«Hoppala», sagte Tilo und riß sein Rad zur Seite. Das Hupen glich einem Donnerhall, quietschend driftete der Pkw nach links, aber ein anderes Auto kam ihm entgegen, mußte bremsen. Der Linksabweichler schoß nach rechts, bremste, der Wagen stand quer. Und erst jetzt, als habe er damit so lange gewartet, bis alle anderen mit ihrem Auftritt fertig waren, legte sich Tilo der Länge nach auf die Straße.

«Bauz», sagte Willi leise.

Der talwärts fahrende Wagen fuhr weiter. Aber der andere Fahrer ließ es sich nicht nehmen, auszusteigen, auf die Radfahrer loszustürmen und sie mit romanischen Fäkalwörtern zu überziehen. Willi deutete auf seine Ohren. «Verstehe kein Wort», und zuckte entschuldigend die Schultern. Der andere weitete seine Kanonade auf die Deutschen im allgemeinen aus. «Arschnase», sagte Willi. Der andere zögerte, er ahnte wohl die Beleidigung, aber ihm fehlte der Beweis.

«Laß ihn», sagte Tilo plötzlich. Er stand neben seinem Rad, hatte keinen Blick für die kollabierte Maschine, schaute nur nach vorn. Dort stand ein Pkw der Marke Fiat neben zwei Wohnmobilen. Zwei Männer sprachen mit Menschen im Freizeitdreß, offenbar die Wohnwagenbesitzer. Möglicherweise standen die Mobile zu dicht an der Straße.

«Das sind sie», sagte Tilo und schnappte sein Rad. So kam es, daß der zürnende Franzose verdutzt seinen Haßobjekten hinterherblickte.

Tilo und Willi stoppten einige Meter hinter dem Fiat und begannen, ohne daß sie sich abgesprochen hätten, an ihren Maschinen herumzufingern. Die vor ihnen sprachen französisch. Willi verstand, daß es um die Wohnmobile ging. Sie mußten einen Meter von der Straße entfernt werden. Ein Informationsgespräch, kein Streit. Die Autorität der beiden Männer aus dem Fiat wurde anerkannt. Sie trugen T-Shirts und lange Hosen, auf den T-Shirts Buttons. Willi schob sein Rad zum Fiat, schaute hinein, betrachtete die Zeichen der Tourdirektion an der Windschutzscheibe, dann blieb er neben der disputierenden Gruppe stehen. Sie trugen keine Buttons, sondern Namensschilder. Gerard Wirth und Pierre Kindermann. Die beiden drehten sich zu ihm um. Er grinste sie an, sie grinsten zurück, Wirth, der Größere und Ältere, deutete auf Willis Telekom-Trikot: «Ullrich», sagte er, «un pedaleur magnifique.» Und dann auf deutsch: «Guter Mann.»

Willi sagte: «Der Sieger.»

Und der Größere sagte: «Oui. Weißes Trikot, rote Punkte. Bester am Berg.»

«Nein, nicht Bergwertung. Ullrich in Gelb.»

Der andere zuckte die Schultern, Willi kam die Geste vielsagend vor. Dann sagte der Mann, der Siegfried oder Roy war: «Virenque gelb. Bester gewinnt.»

Nun stellte sich Tilo neben Willi, streckte dem Größeren die Hand hin und sagte: «Ullrich gewinnt. Ich wette um 10000 Franc.»

Siegfried und Roy waren verdutzt. Dann sagte einer: «Sicherheit?»

Tilo grub in seinen Taschen, reichte ihm eine Visitenkarte. «Ich bin Unternehmer», sagte er. «Rufen Sie mich an. Ich stehe zu meinem Wort.»

Siegfried und Roy wechselten wieder Blicke. So etwas war ihnen noch nie passiert. Willi auch nicht. «Und jetzt geben Sie mir Ihre Karte», sagte Tilo, der immer mehr aufblühte. Er spielte die Hauptrolle.

Siegfried und Roy waren sich nicht einig. Erst fiel kein Wort, dann sagte einer: «10 000?» Tilo nickte und sagte: «Ullrich ist der Beste. Den kann nichts stoppen. Auch Virenque nicht. Höchstens eine Krankheit.» Er lauerte auf eine Reaktion oder Bemerkung, und als nichts kam, sagte er: «Oder ein Unfall.»

In den Gesichtern von Siegfried und Roy wetterleuchtete es. «Kann passieren», sagte der Größere. «Schicksal.» Nun sprach zum ersten Mal auch der Kleinere: «Gott liebt Radsport. Gott ist ein Franzose.»

Tilo sagte: «So? Das hat er mir aber ganz anders erzählt, als wir uns beim letzten Mal gesehen haben.» Zum ersten Mal lächelten alle vier gleichzeitig. Der Kleinere ging zum Fiat, setzte sich hinein, schrieb etwas in ein Notizbuch, während die Wohnmobile umrangiert wurden. Als der Größere den Rangierern das Okay-Zeichen gab, kam sein Freund zu den anderen zurück, reichte Tilo das Stück Papier und sagte: «Wort gegen Wort.»

«Ehre gegen Ehre», sagte Tilo.

Die beiden reichten sich die Hände. Der Größere sagte: «Wir nehmen auch Bargeld.»

Alles war gesagt, sie standen im Begriff, sich zu trennen, als ein Radfahrer heranrollte. Er trug das Telekom-Trikot und sprach die beiden Männer mit dem Namensschild in fließendem Französisch an: «Hey, ich kenne Sie. Sie sind gestern in der Polizeikolonne in der Etappe mitgefahren. Die Cops mit den Helmen. Stimmt's, habe ich recht? Siegfried und Roy, nicht wahr? Die Zuschauer wußten, wer da vorbeikommt.»

Die Angesprochenen lächelten geschmeichelt. «Polizisten oder Schauspieler?» fragte der neu Hinzugekommene.

«Freie Mitarbeiter für Recht und Ordnung», sagte der Größere und nickte in Richtung der Wagen, die immer noch umgeparkt wurden.

«Dann kann ja nichts passieren», sagte der Telekom-Mann. «Freie Bahn für unseren Ullrich.» Er sprach den Namen «Ulllrisch» aus, Willi drehte sich der Magen um. Im Fiat läutete das Telefon, Siegfried und Roy fuhren nach einem kurzen Dialog davon und hupten zum Abschied.

«Eins möchte ich wirklich wissen: Wie kann ein Schüler dich eigentlich ernst nehmen?» fragte Willi.

«Was soll das?» fragte Alexander und verlor seine bis eben so selbstzufriedene Miene.

«Fandest du dich eben nicht etwas plump?»

«Aber wir wollten unbedingt wissen, ob die beiden Siegfried und Roy sind. Jetzt wissen wir's.»

Willi sagte: «Das hatten wir allerdings gerade auf zivilisierte Weise herausbekommen.»

«Und woher soll ich das wissen?»

«Hättest dich eben nicht in den Vordergrund drängen sollen.»

«Na, hör mal. Ich ...»

«Das Problem ist ein anderes», sagte Tilo. «Jetzt sind schon drei von uns verbrannt. Und wenn wir uns nicht schnell trennen, könnten sie auf den Gedanken kommen, daß wir uns kennen.»

«Die sind doch weg», sagte Alexander und wies nach vorn, wo man stecknadelkopfgroß den Fiat fahren sah.

«Also gut», sagte Willi. «Das sind unsere Leute. Und nun?»

«Beobachten», sagte Alexander.

«Dann will ich mal wieder unentgeltlich meine Kommunikationstechnik zur Verfügung stellen», sagte Tilo und griff zum Handy.

Eine Stunde später hatten die sieben «Indurains» auf den zwölf Kilometern Anstieg zum Galibier Position bezogen und waren bereit, sich je nach Bedarf den Berg hinaufzuquälen oder bergab zu schießen. Sie konnten zwar nicht die gesamte Strecke einsehen, aber sie kannten jetzt den Fiat. Einer der beiden Außenposten würde ihn bemerken müssen. KaDe wurde als zweiter von unten mit jeder Minute, die er untätig im Gras saß, saurer. Für ihn stand fest, daß es überhaupt keiner Vorbereitungen bedurfte, um einen bergauf fahrenden Mann auszuschalten. Ein Schritt im richtigen Moment auf die Straße, und Ullrich würde auf dem Hintern sitzen. Aber dann würde er sich sofort aufrappeln, aufsteigen, jemand würde ihn anschieben, und nach wenigen Minuten hätte er seine alte Position wieder eingenommen. KaDe glaubte nicht, daß sich ein Attentat so abspielen würde. Natürlich war es möglich, daß Ullrich unglücklich stürzen würde. Dann war es auch wahrscheinlich, daß er sich richtig weh tat. Aber durchtrainiert, wie er war ... Nein, nein, sie mußten ihn mit härteren Bandagen angreifen. Das aber war unmöglich. Am Galibier würden Zehntausende Augenzeugen stehen. Und über allem schwebten die Hubschrauber des Fernsehens, die die von den Kameramännern auf dem Motorrad eingefangenen Bilder in 140 Staaten aussendeten. Es war unmöglich, einen Fahrer tätlich anzugreifen, es sei denn, sie hätten einen Kamikazekiller angeheuert. Aber was könnte der tun? Ullrich erschießen?

KaDe spürte, daß er damit nicht ernsthaft rechnete. Jemand würde aus der Menge treten oder so tun, als sei er gestoßen worden. Er würde Ullrich seitlich treffen, der dann entweder solo fällt oder alle mitreißt, die neben ihm fahren. Wenn er Pech hat, ist das Rad defekt. Dann dauert es einige Zeit, bevor der Telekom-Materialwagen zur Stelle ist. Das Rad scheidet also aus, weil es schnell und leicht ersetzbar ist. Beim Rad selbst müßten sie vorher eingreifen, indem sie Sabotage begehen. Aber die wertvollen Maschinen werden bewacht, und wenn sie tatsächlich ein defektes Rad einschmuggelten, würde Ullrich den Braten nach wenigen Metern riechen. Es gibt keine Manipulation, die unbemerkt bleibt. Amateuren kannst du vielleicht den Rahmen ansägen, aber keinem Crack.

Also doch ein Kamikazekiller? Natürlich war das denkbar. Jede Verirrung menschlichen Denkens war denkbar, KaDe hatte die letzten Jahrzehnte in wachem Geisteszustand miterlebt. Was dagegen sprach: Die beiden Verdächtigen, Siegfried und Roy, hatten gesagt, es würden Vorbereitungen am Galibier getroffen. Es war unmöglich, von weitem einen Fahrer anzuvisieren und auf ihn zu schießen. Das Menschengetümmel war der beste Schutz des Fahrers. Also aus der Menge treten und ihm aus zwei Meter Entfernung zwischen die Augen schießen? KaDe schüttelte die Vorstellung ab. Paranoia. Wenn man das für möglich hielt, war alles möglich. Solche Attentate waren nicht zu verhindern. Aber natürlich würden ihn die Umstehenden nach den Schüssen festnehmen, vielleicht auch lynchen. Kamikazekiller hält man mit dieser Aussicht nicht auf.

Irgend jemand haßte Ullrich. Hatte er einen Grund dafür? Vielleicht ging es nicht darum, den Favoriten auszuschalten? Vielleicht hatte Ullrich Dreck am Stecken. KaDe lächelte. Ullrichs zweitgrößtes Kapital nach seinem Fahrtalent war ja gerade seine Aufrichtigkeit. Er war ein großer Junge, so normal, daß ihm zynische Kritiker vorwarfen, nicht genügend Ausstrahlung und Showtalent zu besitzen. Der Mann gewann die Tour, zeigte den Konkurrenten drei Wochen lang, daß sie keine Chance haben, und es folgt der Auftritt altkluger Journalisten mit den Worten: Aber Ullrich redet zuwenig und zu eintönig. Er hat keine Macken, keine Laster, keinen öffentlichen Sex, er wohnt nicht einmal im steuersparenden Ausland. Selbst über seine Manager ist nichts Nachteiliges bekannt. Will der Mann uns veralbern? Für sachdienliche Hinweise gegen Ullrich sind wir dank .. Bullshit.

KaDe stand auf, vertrat sich die Beine. Er befand sich auf historischem Radsportgelände und verplemperte seine Zeit mit Warten. Aber Siegfried und Roy hatten vom Galibier gesprochen, hier sollte es passieren. Wie zuverlässig waren Zacharias und Kevin, die Ohrenzeugen? Kevin war ein Kind, Zacharias war ein häßlicher Clown, der sich ständig in Kevins Nähe herumdrückte. Tolle Zeugen. Vielleicht hatte Zacharias die vermeintliche Gefahr nur erfunden, um sich bei der darauf folgenden Gefahrenabwehr vor Kevin als James Bond zu produzieren. KaDe begriff nicht, warum alle so scharf darauf waren, eine gute Tat zu begehen. War ihr Leben so leer, daß sie mit diesen Aufregungen Lichter in der Dunkelheit anzünden mußten? KaDe kannte die Freunde seit langem. Er wußte sogar einiges über Blumencron – jedenfalls mehr als die anderen. Dafür wußte Blumencron auch einiges über ihn. Eigentlich war es nur eins, was er mehr wußte. Aber das hatte gereicht, um Blumencron zu vergattern, die Klappe zu halten. KaDe traute dem Mann. Blumencron war der Typ, der die Entscheidungen anderer Menschen respektierte. Jede Entscheidung. Auch die, sich das Leben zu nehmen. Blumencron wußte nicht, wie es geschehen würde. KaDe wußte es. Er blickte die Straße hinab, wo sich immer wieder Amateure heraufquälten. Alle pfiffen auf dem letzten Loch. Aber sie lebten.

13

Mona und Marielle, was für Namen! Friseusen hießen so. Aber warum nicht. Dumm fickt gut, das durfte man heutzutage zwar nicht mehr laut sagen, aber es stimmte immer noch. Neger sind schwarz, das durfte man auch nicht sagen. Aber es stimmte. Tilo hatte nichts gegen kluge Frauen, sie hätten nur aussehen müssen wie Mona und Marielle. Er bewältigte 1000 Meter Anstieg zum Galibier, ließ sich an den Ausgangspunkt zurückrollen, neue 1000 Meter zum Galibier ... Er war bei Runde fünf und würde wenigstens zwei weitere machen. In den Zeitungen schwärmten die Ausdauersportler hingebungsvoll von der schönsten Nebenwirkung ihres Tuns: Angeblich fällt der Kopf leer, der Körper mutiert zur Maschine, kein Gedanke lenkt vom triumphalen Erlebnis der Verausgabung ab. Seine Grenzen erreichen und das Hirn ein schwarzes Loch.

Nicht mit Tilo. Er fuhr die Berge nie allein empor. Er hatte ständig Babs, Rosi, Tanja und Carmen dabei. Oder Mona und Marielle. Sie feuerten ihn an, aber nicht während des Radfahrens. Ein Berg, ein Fick, eine Abfahrt, ein Atemholen, der nächste Anstieg, ein genüßlicher Akt. So weit die Eier tragen. Radfahren war geil, deshalb blieb Tilo dabei. Natürlich war es auch gesund, dennoch hatte kein Medizinmann die Theorie riskiert, daß täglicher Sex körperliches Fitneßtraining ersetzen könnte. So lange mußte er also noch raus und aufs Rad. Tilo war stolz darauf, seit zwölf Jahren keinen sportlichen Trend verpaßt zu haben. Von jeder ausgelutschten Mode hatte er sich beizeiten verabschiedet, um sich dem neuen Stern am Fitneßhimmel anzuschließen. Der liebe Gott meinte es gut mit Tilo. Er besaß ein ordentliches Kapital in Gestalt eines formschönen Körpers. Er mußte wenig tun, um optisch präsentabel zu bleiben. Das elastische Bindegewebe war die schönste Mitgift seiner Familie. Tilos Traum: Du sitzt in einem Lamborghini, näherst dich der 280-km-Marke und spürst, wie deine Muskeln aufblühen. Schnell Auto fahren mit gleichzeitigem Trainingseffekt – das wär's gewesen. Schnell Auto fuhr er natürlich trotzdem, zur Zeit einen Audi S 4, außen Kombi, innen Rakete. Genau das Ausmaß an Understatement, das Tilo schätzte. Er bezahlte seit kurzem in Lokalen gern wieder bar, weil mittlerweile der letzte Stoppel eine Kreditkarte im Portemonnaie herumtrug.

Man mußte sich das Leben schön machen und das Gesunde mit dem Reizvollen verbinden. Deshalb fuhr er nicht mit leerer Birne den Berg hoch, sondern mit Mona und Marielle. Zwei waren besser als eine. Nicht nur doppelt so gut, noch besser. Du hast einfach mehr Optionen. Bei einer Frau ist ja schnell das Ende der Fahnenstange erreicht. Wenn du unten fleißig bist und oben die Zunge einsetzt, gibt es nicht mehr sehr viele Möglichkeiten. Die Lösung heißt: ein zweiter Körper. Zwei Muschis in Arbeit, das war nun keine feuchte Theorie mehr. Du konntest dir die Sahnestellen zurechtlegen, denn bei der Solofrau hieß es: Nimm die Schattenseite in Kauf, sonst geht dir auch die Sonne flöten. Wie oft hatte Tilo erlebt, daß sich am oberen Ende der göttlichen Fickerei eine abtörnende Visage befand! Wie oft hatte ihn ein Gesicht verzückt, aber darunter fehlte leider der Busen! Zwei Frauen, das war «Best of ...» Bei Mona und Marielle drohte ihm der Overfuck. Kein Zweifel, daß er mit jeder auch solo gut bedient wäre. Aber beide zeitgleich, das war wie zwei Viergängeessen hintereinander. Oder nebeneinander.

Tilo lächelte. Jetzt würden die anderen wieder klagen. Sitzt auf dem Rad und denkt an Sex. Das Erotischste, was den Freunden beim Fahren einfiel, waren besorgte Kommentare, ob zu langes Sattelsitzen nicht doch zu Impotenz führen würde. Tilo begriff nicht, warum sie davor Angst hatten. Das war ja so, als würde sich ein Blinder gegen das Kolorieren klassischer Schwarzweißfilme aussprechen. Sonny war jung, bei dem ging alles noch automatisch, Kevin war blutjung und trainierte zur Zeit den rechten Oberarmmuskel. Nicoletta hatte ihre Muschi schon vor Jahren im gelben Wertstoffsack an den Straßenrand gestellt, KaDe hatte drei Bypässe, er würde es, wenn er es tat, wie die Igel tun: sehr vorsichtig. Zacharias würde Probleme haben, während der fünf Minuten, die es bei ihm maximal dauern würde, keinen dummen Witz zu erzählen. Blumencron traute er jede Perversion zu. Wer so vielsagend schwieg, war entweder ein schwarzes Loch oder ein Luftikus. Blieb Willi. Willi war mit Marita verheiratet, hatte sie damals aus Schweden mitgebracht. Besser als Schnaps von der Fähre. Aber er schenkte bei der armen Frau schon lange nicht mehr so nach, wie sie sich das wünschte.

Der siebte Anstieg, 20 Meter noch, Abstoppen, sein Herz schlug 185mal in der Minute. Es war eine Lust, fit zu sein. Mona und Marielle würden ihn auf 200 bringen. Eines Tages beim Sex zu explodieren, das war Tilos Vorstellung eines glücklichen Todes. Einfach in alle Richtungen auseinanderfliegen wie eine Mine. Ihm taten die Profis leid. Ullrich sah nicht so aus, als würde er während der drei Wochen Tour an Sex auch nur denken. Über was mochte er reden, wenn er mit seiner Frau redete? Angeblich vertrug die Tortur auf der Tour keine Ablenkung. Tilo hielt das für möglich. Aber Ullrich hatte ein Hirn zwischen den Ohren. Er konnte fahren und dabei Sex haben. Tilo würde es gern mit ihm trainieren. Tilos Phantasie und Ullrichs fahrerische Klasse – so konnte Radfahren zur Volksseuche werden.

Tilo stieß sich sanft ab, den Rest übernahm das Gefälle.

14

«Bringe er uns noch einen Krug vom köstlichen Kaffee», trug Sonny dem Kellner auf, der ihn an eine Hyäne erinnerte. Er verschränkte die Arme hinter dem Kopf und sagte: «Das ist ein Leben.»

«Wenn ich mir vorstelle, daß die anderen jetzt auf dem Rad ...» Zacharias rückte mit dem Stuhl einige Zentimeter weiter in den Schatten des großen Sonnenschirms, der aus der Mitte ihres Tischs emporwuchs.

«Also, wie wollen wir es nun halten?» sagte Sonny. «Es gibt zwei Möglichkeiten. Entweder wir spielen Emil und die Detektive, oder wir genießen die Zeit in diesem schönen verschlafenen Örtchen.»

«Natürlich hören wir uns um. Das ist abgemacht. Stell dir vor, die tun Ullrich tatsächlich etwas an und wir haben nichts dagegen unternommen.»

«Stimmt», sagte Sonny. «Wenn wir was unternehmen, haben wir hinterher was, was wir der Presse erzählen können. Oder RTL. Wer mehr zahlt.»

«RTL zahlt mehr.»

«Muß nicht sein. Aber bei RTL kommst du ins Fernsehen. Ich wollte immer schon mal ins Fernsehen.»

«Du warst doch schon.»

Zacharias erinnerte sich mit einer Mischung aus Schaudern und Neid an Sonnys Auftritt in einer Nachmittags-Talk-Show, wo er zum Thema «Menschen in der Bundeswehr» über den Alltag in der Kaserne berichtet hatte. Onanie, Initiationsrituale, Körperhygiene, Saufgelage, fahrlässiger Umgang mit der teuren Technik – Lebensäußerungen zwischen Erbrechen, Fluchen und entseelter Sexualität. Sonny war überhaupt nicht nervös gewesen. Zacharias hätte geschwitzt in diesem überheizten Studio. Zacharias schwitzte leicht, in den Handinnenflächen und im Gesicht. Das lag daran, daß er nicht an geschlossene Räume gewöhnt war. Als Platzwart der Baustoffhandlung hielt er sich im Freien auf. Das war seine Welt, das große Rechteck zwischen Rohren, Säcken, Ziegeln, Steinen, Holz und Waschbeton sowie die unterirdischen Tanks mit dem Heizöl. Hier kannte Zacharias jeden Fleck, auf 80 mal 45 Metern machte ihm keiner etwas vor, auch nicht der Chef. Für Zacharias war es wichtig, über einen Ort zu verfügen, der ihm untertan war. Das hatte längst nicht jeder, die meisten mußten sich doch mit einem lumpigen Schreibtisch begnügen, und mancher hatte nicht einmal den. Zacharias trug die Verantwortung für Material im Wert von mehr als sechs Millionen Mark. Praktisch war er ein leitender Angestellter. Er hatte als Untergebene, außer Zittermann streng genommen keinen, und der war auch nur die Behindertenquote des Betriebs.

Zacharias gehörte der Firma seit 19 Jahren an, er hatte schon viele kommen und gehen sehen. Sie kamen ja todsicher über seinen Platz, wenn sie an ihrem ersten Tag durch den Betrieb geführt wurden. Zacharias fand den Rundgang angemessen. Wenn die Neuen erst einmal wußten, wie er aussah, der Herr über den Platz, wußten sie schon etwas sehr Wichtiges über die Firma. «Das da neben den Säcken, das ist unser Obersack», nannte es der Chef jedesmal in seiner humorigen Art. Zacharias begrüßte jeden Neuen freundlich und vorurteilslos. Natürlich sah er gleich, wes Geistes Kind die Neuen waren. Jeden zweiten hätte er gleich wieder nach Hause geschickt. Die würden es nie packen, das war kein Mädchenpensionat hier. Es wurde hart gearbeitet, die Welt des Hoch- und Tiefbaus war auf kernige Typen angewiesen. Zacharias selbst war eher zart, «schmächtig» hatte seine Frau seinen Körperbau genannt, bevor sie dazu übergegangen war, ihn «mickrig» zu nennen. Aber Platzwart war keine Frage der Armmuskeln, dazu bedurfte es doch erheblich mehr. Er war ein Musterbeispiel an Verläßlichkeit am Arbeitsplatz. Das fiel ihm nicht leicht, er arbeitete permanent an der oberen Grenze seiner Belastbarkeit. Zacharias wußte nicht, wie lange das noch gutgehen würde. Es lag etwas Ungutes in der Luft, was man kaum dingfest machen konnte. Aber Zacharias spürte das Unheil. Er hatte es auch in der Ehe gespürt, bevor Gisela fortgegangen war. Ein Jahr später hatte sie wieder vor der Tür gestanden. Natürlich hatte er sie aufgenommen, er war so verloren gewesen allein in der Wohnung. Gisela hatte nicht viel erzählt, und er hatte nicht nachgefragt, um sie nicht zu drängen.

Aber in der Firma gärte es. Das sagten auch die Kollegen. Um so wichtiger war es jetzt, daß Stützen wie Zacharias dafür sorgten, daß der Karren geradeaus lief. Es fing schon damit an, wie sie mit dem Material umgingen. Sie asten herum, als würde es ihnen persönlich gehören. Die Fahrer waren keine Schöngeister, man mußte einiges vertragen, wenn sie Ware holten oder brachten. «Schlaf nicht ein, Sackgesicht» – so lautete ihre Begrüßung. Zacharias kannte sie, er besaß einen Sinn für Zwischentöne. Sie meinten es nicht böse. Es konnte nicht jeder Akademiker sein. Zittermann spielten sie übel mit, wenn er wieder keinen Satz hinbekam oder vor Eifer etwas fallen ließ. «Hey, Sackgesicht, dein Knecht macht Bruch.» Dann eilte Zacharias herbei und zog Zittermann aus der Frontlinie. Wenn sie Spaß wollten, sollten sie es mit Zacharias versuchen. «Sag mal, Sackgesicht, was hat dir deine Mutti heute früh wieder für ein saublödes Hemd rausgelegt?»

Das kannten sie natürlich nicht, Hemden, die in mutigen Modefarben schwelgten. Violett, giftgrün, quietschgelb. Zacharias war kein Modemuffel, an ihm konnte sich mancher in der Firma ein Beispiel nehmen, der hinter seinem vielen Grau unsichtbar war.

Natürlich bekamen sie mit, daß er zum Schwitzen neigte. Und seine Verdauung war eben nicht besser. Manch einer litt an Verstopfung, Zacharias an Durchfall. Und obwohl er keinen Alkohol vertrug, lehnte er selten einen Schluck ab. Er hatte sein Stammgebüsch, 50 Meter vor der Wohnung, in das er sich übergeben konnte. Zacharias mochte keine Militanz, weder bei Nichtrauchern noch bei Alkoholfeinden. Die Fahrer rauchten eben gern und tranken häufig einen. Rüdes Mundwerk, aber ein gutes Herz. Zacharias lachte auch über ihre Witze, obwohl er sie manchmal ekelhaft fand. Aber Zacharias wollte freundlich sein. Auch zu Sonny. Seitdem der die Bundeswehr verlassen hatte, lebte er in den Tag hinein.

«Packen wir's», sagte Sonny und winkte dem Kellner. «He da, Hyäne! Komm zur Löhnung!»

Zacharias griff zur Brieftasche.

Die Frau am Empfang der Badenweiler Therme wußte erst gar nicht, wovon sie redeten. «Zwei Männer mit Fahrrädern? Bei uns in der Therme? Ach so, nur die Hosen. Und das Hemd. Das Trikot. Ja, das kann sein.»

Während sie nachdachte, tockerte sie mit dem Kugelschreiber auf den Tisch und ließ zwei ältere Frauen mit zusammengerollten Handtüchern warten. «Die waren da. Zwei. Gestern. Nein, vorgestern oder … Jedenfalls, die waren da. Mehr als einmal.»

«Wunderbar», sagte Zacharias. «Und was wollten sie? Haben sie sich mit jemandem getroffen?»

«Klar. Baden wollten die ja nicht. Warten Sie, da war doch was, ich hab da doch, ach, verflixt …»

«Fräulein», sagte eine der älteren Frauen.

«Sehen Sie denn nicht, daß die Dame nachdenkt», fauchte Sonny die Seniorin an.

Die Nachdenkende öffnete die Augen: «Sie wollten mit einem der Gäste reden. Ich sehe sie noch vor mir, als wäre es gestern gewesen. Oder vorgestern …? Sie standen an den Scheiben, haben geklopft. Oder gerufen. Oder auch nicht. Jedenfalls haben sie ihn entdeckt …»

«Einen Mann?»

«Wieso Mann?»

«Sie sagten doch eben …»

«Ach so, ja, natürlich. Einen Mann. Was sonst?»

«Eine Frau.»

«Ach so.» Nachdenken. «Ja, das kann sein…»

«Sie haben also nicht gesehen, wem sie Zeichen gegeben haben?»

Sie hatte nichts gesehen. Sie hatte die beiden auch nicht weggehen sehen. Fünf Minuten später betraten Zacharias und Sonny den Badebereich.

Das Thermalbad von Badenweiler war eine Augenweide. Sie hatten nicht am falschen Ende gespart, nur um schließlich für Kassenpatienten zu nobel und für Privatkunden zu schofelig zu wirken. In getragener Fortbewegungsweise durchmaßen die Badenden das Rund. Im Freiluftbereich war bei diesem Wetter mehr los. Kinder gab es hier nicht. Man tobte auch nicht oder spielte Ball. Das fand alles am Fuß des Hanges statt, dort war das reguläre Freibad gut gefüllt. Hier oben näherte man sich dem Naß mit Stil. Sonny und Zacharias zögerten nur kurz, dann begannen sie, die Thermalgäste anzusprechen. Niemand hatte die Radfahrer gesehen.

Frustriert glitten sie ins Wasser. Sonny schwamm viel zu hektisch. Zacharias genoß es, im Kreis der Seniorchefs durchs Wasser zu gleiten. Es war wie eine Auszeichnung. Am liebsten hätte er sofort Gisela angerufen und ihr davon erzählt. Aber sie nahm nur noch selten das Telefon ab. Sie saß so viel herum in letzter Zeit, ganz in Gedanken. Sie sah elend aus, Schatten unter den Augen. Vielleicht sollte sie bald zu einem Spezia...

«Pardon», sagte Zacharias.

«Keine Ursache», sagte der Herr. Eine Führungspersönlichkeit, ohne Zweifel. Solche Gesichter sah man im Fernsehen. Überraschenderweise legte der Herr keine Distanz zwischen sich und Zacharias. Vielmehr betrachtete er ihn aufmerksam, nicht unfreundlich, nicht spöttisch, obwohl Zacharias selbst am besten wußte, daß nasses Haar, seinem Kopf ein befremdliches Aussehen verlieh.

Dann sagte der Herr: «Sie suchen diese Radfahrertypen?»

«Im Grunde ja», sagte Zacharias überrascht. «Wir wollen wissen, mit wem sie gesprochen haben.»

«Darf ich fragen, wozu? Ich möchte natürlich nicht indiskret sein.»

«Ich bitte Sie», sagte Zacharias. Glück des Urlaubs. Man wechselte mehr als nur den Ort. Man wechselte Welten. Bereitwillig erklärte Zacharias: «Ich bin hier im Auftrag einer führenden Persönlichkeit. Beziehungsweise eines leitenden Herrn von einem führenden Unternehmen aus Norddeutschland. Eine Firma, die Fahrräder herstellt. Und Accessoires rund ums Rad. Die beiden Männer haben den Herrn entzückt, meinen Chef. Er muß sie einfach wiedersehen, sagt er. Als Sympathieträger. Als Werbeträger. Wenn man sich einigt.»

«Ich glaube, ich weiß, mit wem die Männer gesprochen haben», sagte der Herr. «Ein Kurgast. Wie ich. Mir ist das überhaupt nur aufgefallen, weil ich ihm schon mehrmals begegnet bin. Er wohnt im Sanatorium, ich in der *Post*. Sie kennen sich aus? Nicht, aha, macht ja auch nicht. Aber im Sanatorium wird man Ihnen zweifellos weiterhelfen.»

In ihrem Quartier wechselten sie die Kleider. Zacharias hatte vorgeschlagen, gemeinsam eine Ferienwohnung zu nehmen. Das kam günstiger, und Zacharias wußte ja, wer die Rechnung bezahlen würde.

Plötzlich und unerwartet stand Paula vor der Tür. Mit Sonny ging eine Verwandlung vor sich. Er wurde schlagfertig, machte Paula Komplimente und erzählte Scherze auf Kosten von Zacharias. Einmal im Jahr bedauerte der es, daß er kein Frauentyp war. Jedenfalls nicht für Frauen, die nicht im Rollstuhl saßen. Einmal in den letzten 20 Jahren hatte eine Frau ihm ihre Liebe gestanden, im Kurpark von Bad Oeynhausen. Zacharias war schneller geflohen, als sie ihren Rollstuhl anschieben konnte. Er hatte lange gebraucht, um den Schreck zu verarbeiten. Bad Oeynhausen war von seiner Weltkarte gestrichen.

Paula sehnte sich nach Begleitung für den Abend und äußerte dies auch unverblümt. Zacharias wollte gerade bedauernd ablehnen, als sich Sonny einmischte. Er stand viel zu dicht vor ihr, er stand auch gerader als sonst, wirkte größer. Der verdutzte Zacharias wurde Zeuge, wie sich Sonny schamlos bei Paula einlud, dann Zacharias kumpelhaft umarmte und sagte: «Du machst das schon. Ich setze auf dich.»

«Und du, was machst du?»

Sonny blickte Paula an. Zacharias hätte sich nicht gewundert, wenn sie sich auf der Stelle ihrer Kleider entledigt hätte. Viele waren es ja nicht.

15

Das Sanatorium war nicht nur ein Hotel. Hier behandelten echte Ärzte echte Krankheiten, wie ein Prospekt auf den Tischen auswies. Zacharias drückte sich in einen der tiefen Sessel. Wie sollte er vorgehen? Seine Aufgabe war es, den Kontaktmann aufzutreiben, mehr nicht. Danach sollte er die Freunde informieren, die würden wissen, was zu tun war. Willi besonders, den mochte er am liebsten von allen. Willi war es gewesen, der eines Tages in der Baustoffhandlung stehengeblieben war und Zacharias in ein Gespräch über Sport und Gesundheit verwickelt hatte. Natürlich hatte Zacharias ihn da schon gekannt, Willis Firma war einer der größten Kunden. An diesem Tag hatte Zacharias von der Radsportgruppe erfahren und auch, daß Willi dazugehörte. Hätte der erste Treff in geschlossenen Räumen stattgefunden, wäre Zacharias wohl zurückgeschreckt. Aber Treffpunkt war am Wildschweingatter im Stadtwald, Zacharias riskierte es einfach. Er konnte immer noch behaupten, zufällig vorbeigekommen zu sein. Aber dann lief alles automatisch. Niemand kritisierte seine Haare oder sein Rad, niemand bemängelte seine Kleidung und seine Unfähigkeit, sich Namen zu merken. Sie hatten getan, als wäre er einer von ihnen. Dafür liebte er sie. Aber das durften sie nie bemerken, er wäre umgekommen vor Scham. Schade, daß er so unsportlich war. Aber um sich im Schoß einer Gruppe angenommen zu fühlen, hätte er sogar Schach gespielt. Und dann gab es noch einen Grund, warum er unbedingt dazugehören wollte. Das mußte erlaubt sein, einen Jungen sympathisch zu finden. Mehr war es doch nicht, Kevin war einfach ein netter und zudem gutaussehender Junge. Natürlich war er auch Willis Sohn und hatte daher ein Anrecht darauf, mit Respekt behandelt zu werden. Aber Zacharias fühlte sich nun mal von der Jugend angezogen. Und sollte Kevin sich etwa dafür entschuldigen, daß sein Körper diese wunderbare Mitte zwischen Schlankheit und Kraft besaß? Sollte er sich für die Selbstverständlichkeit entschuldigen, mit der er sich ohne Hemd zeigte? Und in einer Sauna war man eben nackt, was sonst? Zacharias hielt sich einfach gern in Kevins Nähe auf. Dem war das ja augenscheinlich nicht unangenehm. Kevin reagierte auch nicht mit Ekel oder Spott, wenn Zacharias ihn versehentlich berührte. Das blieb nicht aus, wenn man gemeinsam verreiste. Das hatte nichts zu bedeuten. Das war normal, nicht der Rede wert.

Im Hintergrund des Foyers ging eine Tür auf, Geklapper von Geschirr drang heraus. Wenige Sekunden später betrat Zacharias den Raum, in dem die Patienten das Abendessen einnahmen. Der Herr im Thermalbad hatte ihm seinen Mann beschrieben, Zacharias traute sich zu, ihn wiederzufinden. Zweimal war er sicher, aber beide Männer wollten nicht der Gesuchte sein. Einer präsentierte zum Beweis seine Krücken, angeblich hatte er das Sanatorium seit Tagen nicht verlassen.

Nachdenklich zog Zacharias von dannen und befragte einen Mann in weißem Kittel, ob alle Patienten das Abendessen gemeinsam einnähmen. Der Mann verneinte dies. Einige würden auswärts speisen, in den Lokalen Badenweilers und in Restaurants der näheren Umgebung. «Sie verstehen zu leben», sagte der Weißkittel bitter. Und viel leiser: «Aber sie werden sterben wie ich und jedermann.»

Unschlüssig ging Zacharias im Foyer auf und ab. Jetzt hätte er Sonny gut gebrauchen können. Als der Herr aus dem Thermalbad vor ihm stand, erkannte Zacharias ihn nicht gleich wieder, weil er bekleidet war und sein Haar mehr Fülle besaß. «Was für ein Zufall!» sagte der Herr, dessen Namen Zacharias immer noch nicht kannte. Er selbst stellte sich vor, der Herr nickte erfreut, murmelte auch einen Namen, den Zacharias jedoch nicht verstand. Und dann die nächste Überraschung: Der Herr wußte, wo Zacharias den Gesuchten finden würde, weil er ihn dort nämlich vor zehn Minuten essend und lachend getroffen hatte: im Restaurant des Hotels *Zur Sonne*.

Dann ging alles wie im Traum. Zacharias fand den Gesuchten auf den ersten Blick. Er saß mit einem Herrn hinten links, wo es am gemütlichsten war. Vor beiden standen leergefressene Teller und eine Flasche Wein. Zacharias unterdrückte den winzig kleinen Impuls zu fliehen. Der Herr war so freundlich wie erhofft, augenblicklich saß Zacharias mit am Tisch, im Glas fing schwarzroter Wein das Kerzenlicht ein. Zacharias erzählte seine Lüge zum zweiten Mal, und Herr Dr. Klimke lachte schallend, sein Begleiter, ein Herr Umag aus Kroatien, ebenfalls, obwohl er im Deutschen nicht die Sattelfestigkeit der Muttersprachler besaß. Klimke, seines Zeichens Ministerialdirigent aus Nordrhein-Westfalen, erzählte frei von der Leber weg. Es lief darauf hinaus, daß seine Landesregierung in der Rekrutierung des Polizeinachwuchses neue Wege suchte. Der Ruf von Siegfried und Roy war ihm von Kollegen hinterbracht worden, und deshalb habe er es nun wissen wollen. Zwar sei er derzeit rekonvaleszent, aber wie Zacharias ja sehe, die Leber sei nicht betroffen, allein die Orthopädie, und natürlich könne er ihm Adressen und Telefonnummern der Gesuchten verraten – nachher, wenn Zacharias ihn ins Sanatorium begleiten werde. Danach wurde es lustig, Zacharias bekannte sich zu seinem Platz, und nach dem zweiten Glas flossen die Anekdoten. Zacharias fühlte sich gut aufgehoben, und die Herren verstanden es, ihn zu immer neuen Höchstleistungen anzufeuern. Natürlich hatte er nie im Leben so einen edlen Wein getrunken. Zacharias öffnete sich den Fremden, eine neue Flasche kam auf den Tisch, und Klimke goß ein, ohne zu fragen. So beginnen Freundschaften, dachte Zacharias.

Dann kam der Moment, in dem Klimke auf seine Uhr blickte. Er beglich die Rechnung, Umag, der am Abend mehrfach die Toilette aufgesucht hatte, plauderte mit der Kellnerin und verabschiedete sich vor dem Lokal von den Männern.

Als er um die Ecke gebogen war, ergriff Klimke den Arm von Zacharias und zog ihn in Richtung Ortsmitte. «Das ist die falsche Richtung», sagte Zacharias. Klimke erwiderte: «Nicht für das, was ich Ihnen unbedingt noch zeigen muß.» Er sah die Irritation in den Augen von Zacharias, legte ihm die Hand auf die Schulter und sagte: «Der Teufel soll die Formalitäten holen. Nach so einem Abend! Ich heiße Udo. Auf die Brüderschaft trinken wir später.»

Zacharias wurde schwindlig, selig nannte er seinen Vornamen. Die Männer umarmten sich, dann zog Udo Zacharias mit sich. Es ging die Straße vom Kurviertel in den alten Ortskern hinab. Zum erstenmal schimpfte Zacharias angesichts der Gründerzeitvillen rechts und links auf die Reichen. Udo sagte: «Pöbel mich nicht an. Ich wohne in so einem Kasten.» Zacharias bestand darauf, daß man es mit ehrlicher Arbeit nie zu so einem Kasten bringen könne. «Da hast du recht», sagte Udo und stieß Zacharias kumpelhaft an. Udo war ein Pfundskerl, ein Mann mit Stil und Klasse.

Links lag nun in der Dunkelheit das Freibad. Zacharias wunderte sich, als er Wassergeräusche hörte und Stimmen. Aber er wußte gleich, was das bedeutete: Junge Leute waren unterwegs, die Zäune überstiegen und Regeln verletzten.

Udo steuerte zielstrebig ein Haus an der Bundesstraße an. Im letzten Moment erkannte Zacharias, daß es sich um eine Pension handelte, der eine Metzgerei angeschlossen war. Oder umgekehrt. Die Haustür war nicht verschlossen. Udo ging, ohne zu zögern, hinein. Drinnen brannte kein Licht. Zacharias bemühte sich, nicht den Anschluß zu verpassen. Er spürte, daß er erst auf Teppichboden ging, dann auf Fliesen. Danach hallten die Schritte, im nächsten Raum wurde es deutlich kühler. Eine Erholung, denn natürlich war Zacharias erhitzt. Spontan fuhr er über seine Stirn. Aber er schwitzte nicht.

Er schwitzte nicht.

Er hatte einen Abend lang nicht geschwitzt. Der Anprall von Glück ließ ihn taumeln.

«Nebenan», sagte Udo in der Finsternis.

«Was ist nebenan?» fragte Zacharias.

Zwei Dinge geschahen gleichzeitig: Zacharias roch Blut, und seine Arme wurden gepackt. Er rief «na, na», denn sie gingen grob vor. Unsichtbare Hände rissen seine Arme in die Höhe, stießen ihn rückwärts. Er fürchtete zu fallen, aber er prallte gegen eine Wand. Das war schmerzhaft, aber besser als fallen. Fallen wäre peinlich gewesen. Etwas rasselte, dann schloß sich etwas Kaltes, Hartes um seine Handgelenke. Er stand da wie gekreuzigt, trat um sich, aber die Hände griffen zu, seine Beine wurden fixiert, es rasselte erneut, Kaltes, Hartes um seine Fußgelenke. Arme und Beine hingen dicht an der Wand. Zacharias bog den Leib durch. Das konnte er noch ... aber ein Fausthieb schmetterte seinen Kopf gegen die harte Wand. Zacharias rührte sich nicht mehr. Im Dunkeln ein zufriedenes Grunzen. Danach Schritte, die sich entfernten.

Dann wurde es hell. Nein, nicht hell, aber nun sah Zacharias etwas. Der Raum besaß zwei Türen, beide standen offen, hinter einer brannte eine schwache Lampe. Es war dämmrig bei Zacharias, aber er erkannte, daß der Raum bis zur Decke gekachelt war. Auch der Fußboden. An der gegenüberliegenden Wand ein Tisch. Aus Eisen oder Stahl. Auf dem Tisch eine Schüssel. Über dem Tisch ein Holzbrett, an dem Messer hingen. Alle Größen, alle Formen, alle scharf. Der Boden war schief. Erst dachte Zacharias, sein Kreislauf würde verrückt spielen. Dann sah er es: Schmale Rinnen im Boden liefen auf das Abflußloch zu.

Im Nebenraum Bewegung. Zacharias rief: «Udo. Hier bin ich.»

Die Gestalt betrat den gekachelten Raum. Zacharias stieß einen Schrei aus. Die Gestalt hatte den Kopf eines Schweins. Als Zacharias die Metzgerschürze und die Stiefel sah, wußte er, daß der Schlachter sich einen Schweinskopf übergestülpt hatte.

Dann kam Udo herein. Während der Schlachter sich am Tisch zu schaffen machte, kam Udo zum angeketteten Zacharias.

«Was sollen wir nur mit dir machen?» sagte Udo und sah Zacharias ehrlich bekümmert an. Zacharias, der bis zu dieser Sekunde dachte, alles könne immer noch etwas mit Sexualität zu tun haben, einer Art von Sexualität, die man in Udos Kreisen pflegt, lachte kurz, ruckte an den Fesseln und sagte: «Geile Ketten.»

Der Schlachter drehte sich um. In der linken Hand hielt er ein Messer mit langer, schmaler Klinge. Der Schlachter stellte sich neben Udo.

«Keine Spuren», sagte Udo. «Sonst ist nichts wichtig. Keine Spuren. Ich übernehme die Wohnung.»

Hinter dem Schweinekopf grunzte es. Udo trat einen Schritt zurück, der Schlachter trat dicht vor Zacharias. Er steckte das Messer in seinen Gürtel, hielt plötzlich etwas anderes in der

Hand, im nächsten Moment preßte er den Knebel in Zacharias' Mund. Der würgte und wollte den Stoff hinausschieben. Aber er schaffte es nicht, und es war auch kein Stoff. Es fühlte sich an wie… wie Fleisch. Rohes Fleisch.

Der Schlachter hielt wieder das Messer in der Hand, Udo stand hinter ihm. Ohne Zacharias noch einen Blick zuzuwerfen, verließ er den gekachelten Raum. Aber nein, an der Tür blieb er stehen, und plötzlich war der Raum voller Licht: grelles, peinigend grelles Neonlicht. Zacharias sah den Schweinekopf, er schmeckte das rohe Fleisch, der Metzger packte seinen rechten Arm, drückte ihn mit einer Kraft gegen die Wand, die Zacharias schockierte. Dann spürte er den Schnitt, hauchfein, vornehm irgendwie. Gleich darauf ergriff der Schlachter den anderen Arm, Schnitt. Zacharias zögerte, sah dann aber doch nach rechts. Es war ein Rinnsal, mehr nicht, es lief über den Unterarm, tropfte am Ellbogen auf den Boden. Links war es genauso. Auf dem Boden waren es erst nur Tropfen, dann ein kleiner Fleck. Er wuchs an, lief in die Rinne, rotes Blut auf schneeweißen Kacheln. Zacharias blickte in das Schweinegesicht. Alles war da: die Augen, die Zähne, selbst die Marke im großen Ohr. Zacharias spürte keinen Schmerz, nur Überraschung. Ein harter Griff, sein Kopf knallte an die Wand, er wich aus, eine Hand in seinen Haaren, Schnitt am Hals. Jetzt roch er sein Blut. Er fand den Geruch nicht unsympathisch. Zacharias schloß die Augen. Der Wein war exzellent gewesen, er hatte gewußt, daß vieles außerhalb seines Gesichtskreises existierte. Aber am Ende hatte er doch noch einen Schritt über die Grenze gesetzt. Zacharias bedauerte nichts. Was er konnte, hatte er getan. Einen Platz wie seinen mußten sie erst einmal finden. Er knickte ein, richtete sich wieder auf. Er hatte das Gefühl, als würde das Fleisch in seinem Mund bluten. Zacharias hatte sich nicht gedrückt, das war ihm wichtig. Willi und die anderen Freunde würden ihm keinen Vorwurf machen. Auf Zacharias war Verlaß, auf dem Platz und im Privatleben. Das machte ihn zufrieden.

Er wurde müde. An den Armen und am Hals pulsierte es. Er war froh, daß es hier drin so kühl war. Er befand sich in einem Raum und schwitzte nicht. Er hatte den ganzen Abend in einem geschlossenen Raum verbracht und nicht geschwitzt. Obwohl es ein warmer Sommerabend gewesen war. Was jetzt über seine Haut lief, war ja kein Schweiß. Es war nur Blut.

16

Als Sonny die Hose auszog, juchzte eins der Mädchen los. Leider nicht Paula. Sie war auch nicht nackt. Oben herum natürlich schon, das bedeutete heutzutage ja nichts mehr. Aber um ihr Höschen machten sie noch genauso viel Gewese wie Sonnys ältere Schwester. Die beiden aus dem Lokal leckten sich drüben schon sehr vielversprechend ab. Sonny glotzte natürlich nicht hinüber. Das hätte er bei sich auch nicht gut gefunden. Er kannte keinen von denen, mit denen sie vorhin ins Freibad eingestiegen waren. Wenige Meter neben den Becken war es dunkler. Dort würde er Paula zeigen, daß es auch in der Norddeutschen Tiefebene manches Hoch gab. Sie spielte im Wasser wie ein Kind. Dabei ging es überhaupt nicht um das Wasser, es ging darum, ihn endlich reinzukriegen. Das war der Grund, weshalb die Erde sich drehte. Sonny war kein Tier, er konnte es sich einen Tag verkneifen. Sogar zwei. Er hatte schon sieben geschafft, aber da hatte er im Krankenhaus gelegen, war die meiste Zeit nicht bei Bewußtsein gewesen, und Gitta hatte ihm dann ihre Hand geliehen. Dabei kannten sie sich kaum, Gitta war einfach nett gewesen. Das waren Frauen, wie Sonny sie liebte. Liebe war ein Geben und Nehmen. Er gab sein Bestes, und sie nahmen sich, was sie kriegen konnten. Aber er mußte sie ins Dunkle kriegen. Zum Glück regte er sich nie, wenn er Wasser spürte, das war jetzt günstig. Er stemmte sich aus dem Wasser, nahm Paula an die Hand und lief mit ihr zum Nichtschwimmerbecken. Es fing gut an, im Flachen kam er dicht an sie heran, aber sie nahm seine Hände von ihrem Hintern und sagte: «Erst küssen.» Das schon wieder! Sonny war nicht gegen Küssen an sich, er hätte es nur gerne auf danach verschoben. Wenn der Druck weg war, konnte man sich die Zeit gerne mit Sperenzchen vertreiben.

Ihre Küsse waren raffiniert, leicht, lockend. Das gefiel ihm. Wenn er nur endlich diese verdammte Hose heruntergekriegt hätte! Erst als Paula ihn ohne Umschweife unten anfaßte, erkannte Sonny, daß er ans Ziel kommen würde. Der Griff war wie ein Versprechen. Er schoß jeden Tropfen Blut, den er im Gehirn nicht brauchte, nach unten. Paula atmete schwerer und sagte: «Was haben wir denn da?»

Den Satz hörte er nicht zum ersten Mal, aber er gefiel ihm immer wieder gut.

«Sieh ihn dir in Ruhe an», forderte Sonny sie auf. Er hoffte, daß sie jetzt in die Knie gehen würde. Ein Mann darf träumen. Aber sie tat es mit den Fingern. Das war besser als nichts, aber weniger als Vögeln. Um das Gerangel zu beenden, sagte er: «Wie wollen wir es machen?»

Sie warf ihm diesen Blick zu, bei dem sie wirken, als würden sie schielen, und sagte: «Wollen wir es denn machen?»

Er griff ihre Hose an. Sie sagte: «Hier ist es zu hell.»

Schon beim ersten Baum war es dunkel. Sie ging in die Ausgangsposition, hob anstandslos den Hintern, damit Sonny ihr Höschen ausziehen konnte. Dann warf er sich ungeschickter auf sie, als er es geplant hatte. Aber er konnte jetzt nicht länger warten, an irgendeinem Ende war er auch nur ein Mann.

Zuerst dachte er, Paula habe ihm auf den Rücken geschlagen. Das konnte im Eifer des Gefechts vorkommen. Das nächste, was er realisierte, war die außerirdische Kraft, die ihn emporhob.

«Verpiß dich», sagte eine Männerstimme. Paula, mit riesengroßen Augen, ergriff ihr Höschen und floh zwischen die Bäume. Die Kraft schmetterte Sonny auf den Rücken und saß dann auf ihm, spitze Knie in seine Oberarme gedrückt. Sonny stöhnte vor Schmerz. Aber erst als er die Berührung weiter unten verspürte, geriet er in Panik. Im nächsten Moment wurden seine Hoden im Schraubstock zusammengepreßt. Tränen schossen aus Sonnys Augen, und die Stimme sagte: «Schrei einfach nicht. Okay? Kein Laut.»

Sonny preßte die Zahnreihen aufeinander. Aber es tat alles so weh, die Arme und die Hoden.

«Okay», sagte die Stimme, «wir haben uns verstanden. Jetzt darfst du gleich reden. Aber in Zimmerlautstärke, okay? Ich frage, du antwortest. Nur so. Okay? – Ich will sehen, daß du nickst.»

Sonny nickte, der Schmerz brachte ihn fast um.

«Gut. Hier die Frage: Was wißt ihr?»

«Was? Ich verstehe nicht. Was meinst ...?»

Die Hoden! Die Tränen! Aufziehende Ohnmacht.

«Keine Scherze. Nur Antworten. Sachliche Antworten. Also noch einmal: Was wißt ihr?»

«Aber wer denn? Ich weiß doch nicht, was ...»

Er ohrfeigte Sonny. Gar nicht einmal brutal. Aber Sonny war noch nie geohrfeigt worden. Das war so demütigend. Und er hatte den zweiten Mann noch nicht gesehen, den, der sich um die Hoden kümmerte. Sonny schämte sich.

«Was wißt ihr? Und gleich vorab: Ich frage kein weiteres Mal.»

«Ich weiß nicht, was du willst», heulte Sonny los. Er wollte noch mehr sagen, aber der nächste Schmerz knipste ihn aus.

Dann roch er Zigaretten. Das war gut, er lebte, aber gleich

kam die Angst. Sonny wollte sich totstellen, aber die Stimme sagte: «Na, geht's wieder?»

Sonny lag im Gras. Er war nackt. Aber der Schatten des Mannes war neben ihm, nicht auf ihm. Sonny begann zu zittern. Er spürte, daß er beobachtet wurde. «Okay, Junge. Du und dein Kumpel, ihr kommt nach Badenweiler und stellt Fragen. Ihr sucht jemanden. Warum?»

Sonny lachte unwillkürlich. Das war's?! Mehr war es nicht?! Er mußte nur erzählen, und dann war alles in Ordnung?! Er zog die Nase voll Schnodder hoch und sagte: «Wegen der Tour de France.»

Er sah den Tritt nicht kommen. Er schlug wie eine Kanonenkugel in seinem Kiefer ein. Sonny hörte, wie ein Zahn abbrach. Oder mehrere. Der Kiefer wurde sofort taub. Und die Stimme sagte: «Ich trete ungern, aber zur Not eben doch. Ich warte auf deine Antwort.»

«Nicht treten», sagte Sonny.

«Was denn? Wie hättest du es gern? Auf was stehst du?»

«Kein Schmerz», sagte Sonny. «Bitte nicht mehr weh tun.»

«Die Antwort.»

«Ich sage nichts mehr. Ihr wollt die Wahrheit nicht hören. Ich sage nichts mehr. Nicht treten!» schrie er auf. Kein Tritt, statt dessen Wispern. Dann die Stimme: «Rede. – Rede endlich.»

Sonny redete. Er berichtete alles, was vorgefallen war, alles, was er wußte. Er redete hastig, versprach sich, hatte Angst, daß sie ihn für seine Versprecher bestrafen könnten. Er wollte nicht mehr nackt sein, es war entwürdigend. Aber mit jedem Satz mehr, den sie ihm erlaubten, fühlte er sich etwas sicherer. Sie ließen ihn reden bis zur Suche nach dem Gesprächspartner von Siegfried und Roy im Thermalbad.

«Das ist alles», sagte Sonny, obwohl er am liebsten endlos weitergeredet hätte.

«Das ist alles?»

«Ja. Ehrlich. Ich habe doch nicht gewußt, daß es so wichtig ist.»

«Was?»

«Das Attentat. Auf Ullrich.»

Irgend etwas stimmte nicht, aber Sonny lag auf dem Boden. Er konnte sich nicht vergewissern, sah kein Gesicht. Gleichzeitig war er glücklich, daß er ihre Gesichter nicht erkennen konnte. Er wußte, daß es für ihn besser war.

Um die beiden zu beruhigen, sagte er: «Wir wußten doch nicht, wer dahintersteckt. Ich meine, ich dachte, das sind irgendwelche Franzosen, die ihren Fahrer vorne sehen wollen. Dann muß Ullrich ausscheiden, ist ja klar. Davon stirbt man nicht. Fällt auf den Pinsel, und aus.» Sosehr Sonny Angst vor ihrem ersten Satz hatte, so sehr wünschte er ihn langsam herbei. Er eignete sich nicht zum Entertainer. Aber sie ließen ihn reden, das war ein gutes Zeichen. Er wollte einfach, daß es ein gutes Zeichen war. Und so redete er eben, redete und redete und sagte: «Ihr werdet schon wissen, wozu das gut ist, wenn Ullrich ausscheidet. Muß mich ja nicht interessieren. Sage ich den anderen eben, die Sache hat sich erledigt, war alles nur ein Scherz, so sind die Franzmänner eben, Weißbrot und dumme Witze. Das glauben die mir, da könnt ihr einen drauf lassen. Was geht uns auch der Ullrich an? Der hat doch seine Millionen im trocknen. Der muß doch nicht mehr arbeiten gehen. Der fängt doch erst an mit dem Verdienen. Ein Radfahrer ist doch erst mit Ende 20 auf dem Höhepunkt seiner Potenz. Der kann doch noch zehn Jahre fahren. Da kann er auch einmal vom Rad fallen, davon geht die Welt nicht unter. Und wenn es nun zufällig am Galibier passiert, dann werden sie sich natürlich im ersten Augenblick wundern, meine Kumpel. Aber so ein Unglück passiert, und peng. Ist ja auch euer Problem, ich meine das Problem von dem, der ihn aus dem Rennen wirft.

Den werden sie einfangen, sind ja tausend Leute dabei. Und das Fernsehen auch. Der muß dann eben lügen, was das Zeug hält, würde ich auch machen, wenn die Zahl auf dem Scheck hinten genug Nullen hat. Jeder muß halt sehen, wie er durchkommt, ist doch so. Mir ist es auch nicht immer gutgegangen, seitdem ich von der Bundeswehr weg bin. Schöne Scheiße, im Vertrauen gesagt. Die Zeit davor war gar nicht schlecht. Wenn du Grips zwischen den Ohren hast, kannst du nämlich was draus machen, aus der Zeit beim Barras. Von wegen immer nur saufen und das Arschloch zusammenkneifen, damit die Kumpels nicht in Versuchung geraten. Nicht mit mir. Ich habe mich umgesehen. Da liegen Wertgegenstände rum beim Bund, da macht ihr euch ja keine Vorstellungen. Eine einzige große Lagerhalle ist das. Ich sage nur Elektronik. Und Schießgewehre. Panzerteile noch und nöcher. Da gibt es Nachfrage, und ich habe das Angebot. Und wenn du in den richtigen Kreisen die richtigen Andeutungen fallenläßt, klingelt bei dir das Telefon, aber da sagen sie dir natürlich nichts, Militärischer Abschirmdienst, ick hör dir trapsen, obwohl: So plietsch sind die auch nicht. Aber die Landjäger, dumm wie Brot, nur daß Brot besser aussieht. Triffst du dich also an einem neutralen Ort. Kleines Dorf, wo dich keiner kennt, oder noch besser: Großstadt, Hamburg, Hannover, ich finde Hannover ja nicht schlecht, liegt einfach zentraler, und wenn du es nicht so mit dem Wasser hast, wie ich, was willst du dann in Hamburg? Vögeln geht da natürlich besser, in der *Morgenpost* jeden Tag seitenweise Kleinanzeigen. Sieht Hannover alt aus gegen. Da kannst du deinen Schniedel in die Zuckerrübe stecken. Darfst nur nicht vergessen, vorher ein Loch reinzubohren, ist doch so. Und wenn man sich berochen hat, sagen sie, was sie wollen, also ich sag mal: Nachtsichtgeräte oder Funk oder ein Kistchen mit Maschinenpistolen in Seidenpapier, bitte sehr, bitte gleich, ich nehme keine Schecks, und dann ist man im Geschäft. Der eine schmeißt den Ullrich vom Rad, und ich bessere meinen Sold mit kleinen Geschäften auf. Staatsbürger in Uniform, obwohl: die Uniform habe ich natürlich nicht verkloppt, die ist ja erst was wert, wenn sie die Bundeswehr abgeschafft haben, aber das dauert noch. So gesehen habt ihr ganz recht. Schick im Thermalbad relaxen und die Hiwis antanzen lassen, damit sie die Tagesbefehle abholen. Würde ich genauso machen, wenn ich soviel Knete im trockenen hätte wie der Drahtzie... wie der, mit dem die beiden Cops geredet haben. Ich werde das nachher auch sofort meinem Kumpel sagen, der ist ein bißchen begriffsstutzig, sollte man gar nicht annehmen bei der hohen Stirn, die der hat. Liegt nur an der verhauenen Frisur, also im Vertrauen gesagt: Man kann dem Kerl nicht längere Zeit ins Gesicht gucken, so häßlich ist der. Ich sage immer: Zacharias, wenn du mit deiner Frau, die zieht dir doch garantiert jedesmal eine Plastiktüte über den Kopf. Oder vielleicht machen sie's ja nur von hinten. Aber vielleicht wär das schade, ich kenne seine Frau ja nicht, nie gesehen, da war auch mal was, ist ihm stiftengegangen, also verlassen hat sie ihn, weil sie die Nase voll hatte oder einen anderen. Aber war wohl nicht so rasend toll, jedenfalls ist sie zurückgekommen, und seitdem ist sie depri. Depri kennt ihr? Deprimiert, wie Frauen manchmal werden, wenn sie mit dem falschen Mann... Zacharias ist aber nicht dumm; wenn ich zu dem sage: Komm, Zacharias, vergiß alles, wir fahren zur Tour und feuern unsere Jungs von der Telekom an, dann kapiert der das. Wir sind ja alle nicht mit dem Ullrich verwandt oder verschwägert. Also, uns hat's nie gegeben, und ihr seht mich garantiert nie wieder, das gebe ich euch gern schriftlich. Kenne ich doch von der Zeit bei der Bundeswehr: Man muß vergessen können, Gesichter, Namen, wen soll ich kennen? Das tut mir aber menschlich schwer leid, kenn ich nicht, nie gehört. Wie schreibt sich das denn? O danke, das ist nett, aber ich komme allein auf die Bei... he, was soll das?

Dahinten sind die anderen, die sollen doch nicht sehen, daß wir drei hier... Aber wo sind die denn? Die waren vorhin doch noch...? Nein, danke, sehr nett, aber ich dusche nachher auf meinem Zim... Ich will nicht! Ich will da nicht rein! Das ist das Kinderbecken, das haben die doch vollgepißt den Tag über ... Also wenn ihr mich jetzt bitte endlich... Nein! Nicht untertauchen! Nicht untertau...!»

17

«Pech für das Team Telekom. Zur morgigen Etappe wird Christian Henn nicht mehr antreten können. Wie Teamchef Godefroot heute abend bekanntgab, macht ein Virus eine weitere Teilnahme von Henn unmöglich. Godefroot: ‹Er hat sich etwas eingefangen, keiner weiß, was es ist. Die Ärzte tippen auf etwas im Essen. Christian ist sehr geschwächt. Heute abend fing es auch bei Lombardi an. Unsere medizinische Abteilung arbeitet auf Hochtouren.›

Nach der Erkältung von Jan Ullrich hängt also schon wieder ein Schatten über dem Team Telekom. Bei Festina sind noch alle Mann an Bord. Das könnte sich bei den folgenden Bergetappen als wichtig erweisen. Zurück ins Studio.»

Tilo drückte die Zigarette in den Aschenbecher und sagte: «Mach den Kasten aus.»

«Sekunde noch», sagte Alexander. «Ich weiß ja gar nicht mehr, was in der Welt vorgeht.»

«Das hast du vorher auch nicht gewußt. Und die Ferientermine kennst du auswendig. Weshalb willst du also fernsehen?»

«Arschloch», sagte Alexander und schaltete demonstrativ auf einen französischen Kanal um.

«Welch schöner Besuch so spät am Abend», sagte Tilo und schaute zur Tür. «Wir warten schon seit Stunden darauf, daß wir massiert werden. War eine anstrengende Bergetappe heute.»

Aber Paula war nicht zu Späßen aufgelegt. «Ich gehe gleich ins Bett», sagte sie.

«Halt! Halt!» rief Tilo. «Was ist mit Zacharias und Sonny? Ihr wart doch gemeinsam…?»

«Ich? Ich war nicht mit denen zusammen.»

«Aber ihr seid doch…»

«Wir wollten, aber ich bin nicht mitgefahren.»

«Und zu war die Tür», sagte Tilo ernüchtert.

Er war mit Alexander extra ins Stammhaus zurückgekehrt, um endlich ein Lebenszeichen von Zacharias und Sonny zu erhalten. Die beiden hatten sich jetzt zwei Tage nicht gemeldet. Und anrufen konnten sie von unterwegs nicht, weil sie kein Handy dabeihatten.

«Scheiße», sagte Tilo. «Die beiden machen sich garantiert einen schönen Lenz und denken gar nicht daran, sich umzuhören.»

«Laß sie», sagte Alexander. «Wir haben doch jetzt die Spur von Siegfried und Roy.»

«Eigentlich müßte einer von uns nach Badenweiler fahren.»

«Aber nicht ich. Ich will dabeisein, wenn es spannend wird. Morgen und übermorgen entscheidet sich die Tour. Und deshalb sind wir hier, falls dir das entgangen sein sollte.»

Tilo widersprach nicht. Bei Sonny konnte er sich leicht vorstellen, wie er den Reizen eines Damenkegelklubs oder einer aktiven Rheumagruppe erlag. Sonny war nicht wählerisch, er ging auf alles los, was er «knackig» nannte. Tilo hatte ihn mehr als einmal gewarnt: «Sieh dich vor, sonst hängt dir irgendeine Fleischerei-Fachverkäuferin eines Tages eine Schwangerschaft ans Bein, und dann ist Schluß mit lustig.»

«Dann stehe ich natürlich zu meiner Verantwortung», hatte

Sonny entgegnet und war sich mächtig verantwortungsvoll vorgekommen. Dabei war er schlicht ein Idiot. Tilo wünschte ihm nichts Schlechtes, aber ein Schreckschuß vor den Bug würde ihm guttun. Tilo stand auf und reckte sich. Sein Körper summte vor Erschöpfung.

Tilo sagte: «Ist dir eigentlich klar, daß Jan Ullrich nach dem Rennen eine Viertelstunde mit dem Trainingsrad auf die Fahrradrollen geht?»

«Wofür das denn?» frage Alexander schaudernd.

«Damit lockert er seine Muskeln für die Massage. Die dauert dann schlappe zwei Stunden.»

«Wahnsinn», sagte Alexander. «Danach könntest du mich wegwerfen.»

«Frag doch Paula. Vielleicht steht sie auf Lehrer.»

«Ich bin meiner Frau treu. Seit Jahren.»

«Wenn ich eine Frau hätte, wäre ich ihr auch treu», sagte Tilo. «Vielleicht habe ich deshalb keine.»

«Grüß Paula von mir.»

«Irrtum, mein Bester. Tilo geht jetzt züchtig in die Heia. Ich habe eine komplette Bergetappe in den Beinen.»

«Aber nur in den Beinen und nicht im…»

«Ich sehe das ganzheitlich, Schweinepriester. Und ich fühle mich ausgesprochen gut dabei.»

«Bin ich ein ‹Indurain› oder nicht? Und bevor du wieder einen deiner originellen Lehrerwitze bemühst: Ich mache nicht bei euch mit, weil ich nicht weiß, wie ich sonst meinen vielen Urlaub herumbringen soll.»

Tilo ging zu Alexander, legte ihm eine Hand auf die Schulter und wußte dann nicht mehr, was er machen sollte. Er fühlte sich Alexander nahe, und wie immer, wenn unter Tilos zynischer Schale das milde Licht einer menschlichen Regung aufschien, wurde er verlegen und rettete sich mit einem schnellen Abgang.

Er ging noch einmal für eine letzte Zigarette vors Haus. Die Hollywoodschaukel bewegte sich.

«Störe ich?» sagte Tilo.

Paula versicherte ihm, daß er nicht stören würde. Sie hatte geweint, das sah er sofort. Er bot ihr eine Zigarette an, sie nahm sie. Als er ihr Feuer gab, zitterte die Zigarette. Sie war keine Raucherin, er hörte, wie ungeschickt sie inhalierte und den Rauch ausstieß.

«Alles in Ordnung?» sagte Tilo.

«Logisch. Was soll sein?»

«Ich frage nur – Ich meine, vielleicht tut es dir leid, daß du deine Freunde verlassen hast.»

«Tut es nicht. Okay?»

«Okay, okay. Man hat eben nur sechs Wochen Urlaub im Jahr. Dann soll es da auch krachen und keinen Frust geben.»

Keine Antwort, nur nervöses Paffen. Tilo überlegte, ob er noch einmal das Stichwort «massieren» erwähnen sollte. Aber sie würde es nicht witzig finden. Er fand es ja auch nicht witzig. Er liebte sich für seine Fähigkeit, Zwischentöne bei Frauen zu erkennen. Er hieß nicht Sonny. Aber eins mußte er doch wissen: «Es hat keinen Streit gegeben? In Badenweiler, mit Sonny?»

Keine Antwort. Sie fühlte sich nicht gut. Sie wollte reden. Er mußte nur noch etwas... aber er wollte das nicht tun. Sie hatte Sonny kennengelernt, das war schlimm genug für eine Frau. Sie sollte nicht das Gefühl haben, alle Männer wären wie Sonny.

Tilo wollte sich gut fühlen und edel. Keineswegs wollte er mit Terriertypen wie Sonny in einen Topf geworfen werden – auch nicht von Paula. Einmal im Monat ein Ritter, das entschlackte und machte die nächste Schweinerei noch schöner.

«Ich gehe dann mal», sagte Tilo. «Du weißt natürlich, daß heute nacht genug Lager im Haus frei sind.»

«Danke für das Angebot.»

«Im Haus. Nicht neben mir.»

«Trotzdem danke.»

18

Beim Frühstück machten sie den Tagesplan. Willi, Kevin, Nicoletta, KaDe und Blumencron hatten erst 30 Kilometer abseits der Tourstrecke ein Quartier gefunden. Zum Frühstück gab es Croissants, Marmelade, Milchkaffee, Ende. Erst prahlten alle mit ihrer Fitneß. «Muskelkater? Wie schreibt sich das?» Danach prahlten sie mit den Träumen der Nacht. «Ich habe geträumt, ich gewinne die Tour.» – «Great, a great fucking feeling.» Nachdem Willi seinem Sohn dafür den pflichtschuldigen väterlichen Tadel erteilt hatte, sagte er: «Tilo hat vom Stammhaus angerufen. Keine Spur von Zacharias und Sonny.»

Nicoletta sagte: «Denen ist was passiert.»

«Ach ja? Und was? Was soll einem wie Zacharias passieren, was schlimmer ist als diese Frisur?»

«Also, ich finde Zacharias sympathisch. Er mag mich auch», sagte Kevin unschuldig und wunderte sich über das Keckern am Tisch.

Nicoletta sagte: «Sei froh, daß du nicht mit ihm in der Sauna warst.»

«Waren wir doch. In Badenweiler. Aber die Sauna war nicht geheizt.»

«Macht nichts. Zacharias war garantiert kurz vor Fahrenheit 451, als er dich gesehen hat.» Kevin blickte sich um, langsam dämmerte es ihm. «Ihr meint ...? Quatsch, das macht Zacharias doch nicht.»

«Macht er auch nicht», sagte KaDe. «Das ist ja sein Problem, daß er nie im Leben etwas gemacht hat – außer seinen Schrottplatz aufzuräumen.»

«Er hat mich nie angefaßt», sagte Kevin eifrig, blickte seinen Vater an: «Ehrlich.»

«Müssen wir das vertiefen?» sagte Willi unwohl. «Laßt uns über das Tagesprogramm reden.»

«Ich bin dafür, daß wir die Polizei alarmieren», sagte Nicoletta. «Dann haben wir unsere staatsbürgerliche Pflicht getan und können uns endlich um das Rennen kümmern. Deshalb sind wir hier. Ich jedenfalls.»

KaDe sagte: «Ich auch. Wann kommen Tilo und Alexander?»

«Sie wollen gleich nach dem Frühstück los. Alexander hat wohl gesagt, sie müßten eigentlich noch nach Badenweiler.» Gelächter in der Runde. Keiner wollte nach Badenweiler, sie wollten endlich an die Strecke. Alle hatten das Gefühl, bisher zu wenig vom Rennen mitgekriegt zu haben. Aber sie wollten auch Ullrich retten – ohne Polizei. «Ich bin gegen Polizei», sagte Blumencron. «Was ist, wenn sie die Etappe absagen?» Willi sagte: «Wenn Alexander hier wäre, könnte er uns sagen, ob so etwas jemals vorgekommen ist.»

«Ullrich ist nicht in Gefahr», sagte KaDe und erzählte den Freunden, warum es nicht riskant war, beim Aufstieg vom Rad zu fallen. Seine Argumente machten Eindruck. «Trotzdem», sagte Nicoletta, «es muß mehr sein als ein harmloser Schubser. Einen Schubser muß man nicht generalstabsmäßig vorbereiten. Deshalb trifft man sich nicht im Ausland mit … mit wem auch immer. Wirklich blöd, daß Zacharias und Sonny so unzuverlässig sind. Wir sollten sie aus dem Verein ausschließen.»

«Bloß nicht», sagte KaDe. «Dann bringt Zacharias sich um. Er hat doch sonst nichts.»

«Seid nicht so gemein», sagte Kevin. «Nur weil er sich nicht wehren kann.»

Blumencron organisierte mehr Croissants, und langsam kapierte auch der letzte, daß dieses zuerst so lieblos scheinende

Frühstück nichts anderes war als eine weise und extrem appetitliche Beschränkung auf das Wesentliche.

Dann der Plan. Willi und Blumencron wollten sich zu einem Verantwortlichen vom Team Telekom durchschlagen und versuchen, Informationen zu erlangen. Nicoletta, KaDe und Kevin wollten zum Galibier fahren und Siegfried und Roy im Auge behalten. KaDe wollte anfangs Willi und Blumencron begleiten, entschied sich dann aber kurzfristig anders. Tilo hatte per Handy angekündigt, daß er versuchen wollte, Medienvertreter auszuhorchen: Leute vom Fernsehen und von der Presse. Alexander wollte ihn dabei unterstützen, die französischen Reporter galten als die am besten informierten.

Die Etappe begann ohne Christian Henn. Auch Lombardi meldete sich ab, nachdem er am Morgen noch einen Fitneßtest unternommen hatte. Aber sein Magen ließ einen Start nicht zu. Auch zwei der kleineren Teams klagten über Magenprobleme. *L'Equipe* textete: «Geht in diesem Jahr der Toursieg durch den Magen?»

Das Etappenprofil war gnädig. Hatte gestern schon zwölf Kilometer nach dem Start der Anstieg zum ersten Berg der zweiten Kategorie begonnen, durfte sich das Feld heute erst 40 Kilometer einrollen. Niemand riß aus, die vier bevorstehenden Bergüberquerungen waren Warnung genug, seine Kräfte vorschnell zu verpulvern. Niemanden lockte die Aussicht, diese Tortur womöglich in einem Soloritt bewältigen zu müssen. Pantani war unsichtbar, Virenque und Ullrich rollten einträchtig nebeneinanderher. Die Fotografen schossen, was die Kameras hielten. Einmal winkte Virenque sogar. 25 Kilometer nach dem Start blockierten plötzlich Demonstranten die Straße. Bauern aus der Umgebung protestierten gegen ein Straßenbauprojekt, das, wie sie auf Transparenten behaupteten, eine uralte Kulturlandschaft zerschneiden würde. Das Feld stand,

Polizei schritt ein, und wie durch ein Nadelöhr glitten die Fahrer einzeln auf die freie Strecke. Plötzlich fanden sich Athleten vorn, die gar nicht damit gerechnet hatten. Jetzt häuften sich die Ausreißversuche, das Tempo schoß in die Höhe, und mit einer Geschwindigkeit, die von niemandem erwartet worden war, glitt das Peleton wie an der Perlenkette in einen kleinen Ort mit schmalen Straßen und engen Kurven. Schon bei den ersten beiden Kurven lag ein Massensturz in der Luft. In Kurve drei halfen auch Vollbremsungen nichts mehr. Ein kolumbianischer Fahrer legte sich flach, zwei Holländer stürzten über ihn, und im Bruchteil einer Sekunde entstand ein Knoten aus liegenden und stürzenden Fahrern, auf den von hinten immer mehr auffuhren. Es kam zu einer der größten Sturzarien in der Geschichte der Tour. Insgesamt 38 Fahrer knallten auf das Pflaster, von denen 18 an Ort und Stelle medizinisch behandelt werden mußten. Die Kameras lieferten furchtbare Bilder von blutüberströmten Körpern, die bewegungslos am Straßenrand lagen, und Fahrern, die sich vor Schmerzen wanden. Ein französischer Neuprofi fuhr mit gebrochenem Schlüsselbein weiter und wurde fünf Kilometer später von seinem Teamleiter nach einem minutenlangen Streit zwischen Fahrrad und Begleitfahrzeug zum Anhalten gezwungen. Als der Fahrer nach dem Stoppen vom Rad steigen wollte, brach er bewußtlos zusammen und fiel gegen das links stehende Motorrad des französischen Fernsehens.

Am Ort der Massenkarambolage kam es zu herzergreifenden Szenen. Verzweifelte Fahrer versuchten blutüberströmt die Fahrt fortzusetzen, sie torkelten auf dem Rad, hatten augenscheinlich Probleme, das Gleichgewicht zu halten, und gaben dann tränenüberströmt auf. Einer von ihnen schrie einen bewegenden Monolog in Kamera und Mikrofon: «Heilige Jungfrau Maria, mein Leben ist zu Ende. Ich habe meinem Sohn versprochen, die Tour nur für ihn zu fahren. Wie soll ich ihm jemals wieder unter die Augen treten?» Dann fiel er auf die blutenden Knie und rief: «Karol, mein kleiner Kako, vergib deinem Vater.»

Ein Fahrer kollidierte mit einem heranbrausenden Sanitätsfahrzeug und mußte sofort behandelt werden. Es kam zu lautstarken Auseinandersetzungen zwischen dem Wagen des Tourdirektors und Zuschauern am Straßenrand, die die Tourorganisation für die Streckenführung verantwortlich machten. Ein erboster Zuschauer schlug mit nackter Faust Dellen in die Kühlerschnauze des Tour-Lancia. Ein Polizist wollte ihn festnehmen, doch andere Zuschauer befreiten ihn. Der über der Szene kreisende Hubschrauber zeigte die Flucht des Mannes vor zwei Polizisten quer durch ein Maisfeld.

Das Feld der Fahrer war nun total zersplittert. Vorn machte eine zwanzigköpfige Gruppe Dampf. Ihr gehörte mit Ausnahme von zwei Spaniern kein Fahrer der ersten 15 in der Gesamtwertung an. Dahinter sortierte sich das Feld, Wasserträger lotsten abgehängte Kollegen wieder nach vorn. Die Spitzenfahrer scharten ihre Assistenten um sich. Dann begann der Anstieg und sorgte für erneute Unruhe. Es war ein einziges Geschrei, Protestieren, Bluten, Wehklagen und Fluchen. Die Motorräder entdeckten Virenque und Ullrich. Virenque hatte nur einen Assistenten bei sich und schien zu warten. Ullrich fuhr noch langsamer, er wirkte geradezu desinteressiert, aber Godefroot war bei ihm, im Team Telekom herrschte helle Aufregung.

In diesem Moment griff Pantani an. Elefantino legte einen unglaublichen Kranz auf und flog den Berg mit einer Geschwindigkeit hinauf, die alle Live-Kommentatoren als «Wahnsinn» und «Selbstmord» bezeichneten. Die Kameras klebten an dem begeisternden Ritt des schmächtigen Italieners, der immer weiter steigerte – auf Abschnitten mit über acht Prozent Steigung.

Dann kam die Information von Telekom: Riis war gestürzt, Totschnigg war gestürzt, Ullrich wartete auf Riis, während Godefroot ihn anflehte, nach vorn zu fahren. Immerhin hatte er mit Bölts und Aldag noch zwei Helfer an seiner Seite. Aber Ullrich wartete auf Riis. Als Virenque die Lage begriffen hatte, machte er sich, unterstützt von vier Helfern, an die Verfolgung der Spitzengruppe, der Pantani im Nacken saß. In wenigen Minuten brachte er einen großen Abstand zwischen sich und Ullrich. Die Kameras fingen einen Wutausbruch von Godefroot ein, bei dem er mit der linken Faust wie besessen auf die Fahrertür einschlug. Für die Dauer einer Stunde hatte die Etappe vier bis fünf verschiedene Stellen, an denen Entscheidendes geschah. Vorn kristallisierte sich eine acht Mann starke stabile Führungsgruppe heraus. Dahinter fuhr Pantani den Abstand zusammen und würde mit Sicherheit bald aufschließen. Dann fand Festina den Rhythmus. Virenque verzichtete darauf, Pantani zu folgen. Dadurch behielt er drei Unterstützer, ignorierte den Etappensieg, weil er mit allen Antennen nach hinten orientiert war, wo Ullrich einfach nicht durchstarten wollte.

Dann kam Riis: verbunden, verklebt, mit blutigem Trikot. Der Däne sah furchtbar aus, aber er lachte grimmig. Und mit ungeheurem Gang trat er bergwärts. Als er Ullrich erreichte, betrug der Rückstand auf Virenque über fünf Minuten. War das die Vorentscheidung der diesjährigen Tour de France? Hatte Ullrich seine Loyalität übertrieben?

Vorn überrollte Pantani die acht Führenden, fuhr an ihnen vorbei, als wäre das nichts, und stürmte weiter. Zwei Fahrer hängten sich an ihn. Aber das Duell hieß jetzt Festina mit Virenque gegen Telekom mit Ullrich. Der unterhielt sich eine Minute mit Riis, dann begann für den Deutschen die heutige Etappe. Aldag verlor nach 500 Metern den Anschluß. Kopfschüttelnd blickte er den entfesselten Kameraden hinterher.

Aber Bölts hielt mit, die drei wechselten sich vorbildlich ab und überholten einen Fahrer nach dem anderen, denen vorn die Luft zu dünn geworden war. Das Ausscheidungsrennen lief. Wer jetzt hinten war, konnte das Vorderfeld vergessen. Ein Feld, das vor zehn Tagen mit 180 Fahrern gestartet war, fokussierte sich auf das von allen erwartete Duell Virenque gegen Ullrich. Eine gute Stunde nach dem Start trug Virenque theoretisch das maillot jaune. So unsinnig diese Momentaufnahmen während der laufenden Etappe waren, so sehr begeisterten sie die Franzosen. Aber schon in diesen Minuten des nationalen Überschwangs gab es in allen Reportagen nur ein Thema: Würde Ullrich den Abstand verringern können? Besaß Riis noch so viel Kraft, Ullrich nach vorn zu fahren? Wie lange würde Bölts die beiden unterstützen können?

Virenque verlor zwei seiner vier Helfer, jetzt hatte er nur noch Zuelle an seiner Seite. Der Schweizer, immerhin seit gestern in Gelb, machte einen bärenstarken Eindruck.

Und an der Stelle, wo 38 Fahrer gestürzt waren, arbeiteten immer noch die Sanitäter.

Die Presseausweise waren Gold wert, sie kamen problemlos ins «Village». Aber der Abbau lief auf vollen Touren, angeblich waren alle Telekom-Leute bereits unterwegs. Erst als Willi und Blumencron aufgeben wollten, sahen sie einen Pkw mit Telekom-Logo in der Gasse stehen, und Blumencron beschloß, sich hinters Steuer zu setzen. Die Karte hinter der Sonnenblende wies den Besitzer als verantwortlich für die Öffentlichkeitsarbeit aus. Willi und Blumencron klapperten die anderen Rennställe ab. Im Zelt von Rabobank hatten sie Erfolg. Er hieß Schlotter, hatte kein Idealgewicht und eine Meckifrisur. Sein Hemd besaß überraschend viele Taschen, und er selbst strahlte, wie er da still auf einem Stuhl saß, eine ungeheure

Umtriebigkeit aus. «Sekunde», sagte er. Dann: «Waren wir verabredet?» Willi sagte nein, Blumencron sagte ja.

Schlotter strahlte. «Das finde ich spannend», sagte er und setzte sein Gespräch fort. Um sie herum reger Betrieb, nur Blumencron umgab eine Art luftleerer Raum. Dabei wirkte er nicht unfreundlich oder mürrisch. Das Frappierende war ja gerade der souveräne Gleichmut, der Blumencron umspielte. Manchmal dachte Willi: Er wirkt wie ein Idiot. Aber Blumencrons seltene Bemerkungen zeigten ihn auf der Höhe der Wahrnehmung. Willi, der gelernt hatte, den Ton anzugeben, war klar, daß solche Phänomene wie Führerschaft und Unterordnung im Leben des Blumencron nicht vorkamen. Er stand nicht unten und nicht oben. Blumencron stand daneben und sah alles aufmerksam an.

Vorn endete das Gespräch von Schlotter mit dem Rabobank-Mann. Beim Abschied nannte der Holländer mehrmals den Namen «Ullrich», Schlotter reagierte darauf jeweils mit einer ungeheuer selbstbewußten Geste. Dem Mann waren Zweifel am Sieger der Tour erkennbar fremd.

Dann kam er zu Willi und Blumencron. Er sagte: «Hallo, Ja und Nein», blickte auf die Namensschilder, blickte in die Gesichter und sagte: «Das sind Sie nicht.»

Willi haßte es, vom ersten Satz an in der Defensive zu sein. «Na gut», sagte Schlotter, «ich bin gespannt. Namen sind Schall und was war noch mal das andere?»

«Eine kleine Notlüge», sagte Willi entschuldigend. Sie verließen das Zelt, Schlotter blickte besorgt in den Himmel. «Herr, gib uns trockene und heiße Winde und schick den Regen zu den Azoren zurück.» Und an die beiden gewandt: «Was wir zur Zeit haben, ist Jans Wetter. Es kann nur schlechter werden. Regen wäre ganz schlecht.»

«Herr Schlotter», sagte Willi energisch, «wir sind keine Journalisten ...»

«Fans?»

«Das auch. Aber deswegen sind wir nicht hier. Wir wollen Sie warnen.»

Schlotter lotste die beiden in ein kleines Zelt. An der Rückwand war wohl ein Büffet aufgebaut gewesen, silberne Platten kündeten von vergangener Pracht.

«Haben Sie Hinweise, daß sich womöglich ein Fahrer Ihres Teams in ... Gefahr befinden könnte?» fragte Willi.

Jetzt besaß er Schlotters ungeteilte Aufmerksamkeit. «Sprechen Sie weiter.»

«Ja oder nein?»

«Worauf wollen Sie hinaus? Was wissen Sie? Wollen Sie mir drohen?» Willi wußte, daß das Gespräch in die falsche Richtung lief, aber Schlotter war nicht zu stoppen: «Soll das eine Erpressung werden? Sagen Sie's ruhig. Ich kann was ab. Dann unterhalten wir uns eben ...»

Da sagte Blumencron: «Sie sind allein. Wir sind zu zweit. Es wird schwierig für Sie werden, wenn Sie die Geschichte an die große Glocke hängen. Vor allem wird es Zeit kosten. Die haben wir aber nicht. Also halten Sie die Klappe und hören Sie zu, oder wir sind weg und haben nie mit Ihnen geredet.»

Schlotter starrte ihn an und sagte: «Ich brauche einen Kaffee.» Sie wechselten das Zelt und standen in einer Art Pressezentrum. Auch hier wurde zusammengepackt, aber Schlotter fand mit dem Instinkt des Koffeinsüchtigen die türkisfarbene Kanne. Die Becher waren aus Plastik, statt Milch gab es Kaffeeweißer.

«Was wissen Sie über geplante Attentate?» sagte Blumencron.

Schlotter erschrak. «Meine Güte», sagte er vorsichtig. «Attentate. Ich glaube, es gibt kein Großereignis, wo nicht irgendwann das Telefon klingelt und ein Schwachkopf einen Anschlag ankündigt. Meistens hört man, wie besoffen der Kerl ist. Oder im Hintergrund spielt Musik, und der Geldautomat jodelt herum. Schnapsideen eben.»

«Aber manchmal ist es keine Schnapsidee.»

Der Pressemann blickte Blumencron lange an und nickte: «Manchmal nicht.»

«Und diesmal? Bei dieser Tour?»

Schlotter forschte ihre Gesichter aus. Er kriegte einfach nicht beides zusammen: das Thema und die redlichen Gesichter.

Blumencron sagte: «Gegen wen geht es?»

«Gegen wen wohl.»

«Noch jemand außer Ullrich?»

Schlotter schüttelte den Kopf. «Aber andere Teams haben auch Probleme. Rabobank. Mercatone Uno.»

«Wie soll der Anschlag bei Ullrich ablaufen?»

«Meine Güte», sagte Schlotter müde. «Wie wohl. Wie im Kino. Entführung, Erpressung. Ein Anrufer hat angedroht, er werde Ullrichs Sohn entführen.»

«Ullrich hat keinen Sohn», sagte Willi.

«Idioten», sagte Schlotter. «Und nun Sie.»

«Wir haben etwas gehört», sagte Willi.

«Namen, Zeitpunkt, Ort.»

«Galibier.»

«Morgen schon?» sagte Schlotter erregt und sprang auf. Sie erzählten ihm, was sie wußten. Das Gesicht eines Fremden war ein Test. Würde er lachen? Oder wütend werden? Er tat etwas anderes: Schlotter hob den Arm, und wie aus dem Boden gewachsen stand ein Mann bei ihnen. Er trug einen Anzug und im Gesicht Mißmut. Die Falten verrieten, daß Mißmut sein ständiger Begleiter war.

«Wieder zwei?» sagte er auf deutsch. Schlotter nickte. – «Sie sind festgenommen», sagte der Mann.

Blumencron lachte. Kurz, aber herzhaft. Dann sagte er:

«Wir sind in Frankreich. Die haben es gar nicht gern, wenn die Söhne der alten Besatzer hier Räuber und Gendarm spielen wollen.»

«Der Herr ist Detektiv. Es geht um Austausch von Informationen. – Wir brauchen Ihre Hilfe», erklärte Schlotter.

«Warum holen Sie nicht die Polizei?»

Willi fragte sich, was der Mißmutige alles unter seinem Anzug verbergen mochte. Der Mann war eine mittelmäßige Erscheinung. Drei von denen im selben Hotel, in dem man Urlaub macht, und die Erholung ist verdorben.

«Also gut», sagte Schlotter. «Ich mach's kurz. Die französische Polizei hat keine Zeit für uns. Sie muß wichtigere Menschen beschützen. Sie sagt, die Öffentlichkeit ist der beste Schutz für die Fahrer. Irgendwo ist das nicht unlogisch. Ich meine, die Cracks sind ja gerade mal auf dem Topf allein. Sonst haben sie ständig einen Rattenschwanz am Hals: Zuschauer, Fans, Kollegen, die medizinische Abteilung, die Techniker. Jedenfalls läuft nichts mit Polizei. Angeblich haben sie auch keine Kapazitäten frei. Aber das ist natürlich gelogen. Egal – gefragt ist Eigeninitiative.» Er deutete auf den Mißmutigen. Willi hatte das Gefühl, als könne man seinen Falten beim Entstehen zusehen. Es war nicht der Magen. Das mit dem Magen war sowieso ein Klischee. Wahrscheinlich war es Verstopfung. Der Junge müßte sich einfach mal fundamental freischeißen.

Schlotter blickte sie lange an. Dann sah er den Mißmutigen an. Der schüttelte den Kopf. Aber Schlotter sagte: «Versuchen wir's. Irgendwo müssen ja die anständigen Menschen sitzen.» Er blickte Willi und Blumencron an: «Vor zwei Tagen haben sie uns die Zeitmaschinen zerstört. Alle tragenden Teile zersägt.»

«Was heißt das?» fragte Willi.

«Das heißt erstens, daß sie es ernst meinen, wer immer sie sind. Diesmal leider keine besoffene Kneipenrunde. Zweitens heißt das, daß wir beim letzten Zeitfahren mit den alten Rädern antreten müssen. Das ist ein schweres Handicap.»

«Wie haben sie's angestellt?»

«Über Nacht den Truck geknackt. Aber vorher zwei unserer Wachleute ausgeschaltet. Niedergeschlagen und gefesselt.»

«Und weiter?»

«Ein Brief: *Wir meinen es ernst. Ihr hört von uns.*»

«Und Sie wollen uns ernsthaft erzählen, daß die französische Polizei daraufhin nicht aktiv geworden ist?»

«Vielleicht wäre sie's geworden. Aber sie weiß von nichts.»

«Warum das denn?»

«Weil dann Festina weiß, daß unsere Zeitmaschinen kaputt sind. Das wäre für die besser als das beste Doping. So eine gute Meldung macht dich zum Siegertyp. Und wenn Ullrich in den Alpen nicht genug Vorsprung auf Virenque und meinetwegen auch auf Zuelle rausfährt, entscheidet das Zeitfahren auf der vorletzten Etappe.»

Willi sagte: «Wie viele Leute arbeiten für Sie? Ich meine, für die Sicherheit?»

Schlotter hatte nur den Mißmutigen.

«Okay», sagte Willi. «Wir sind zu neunt. Ein Drittel ist am Galibier und behält Siegfried und Roy im Auge, ein Drittel recherchiert in Badenweiler. Ein Drittel hört sich bei den Journalisten um.»

Das Gesicht des Mißmutigen sagte: Amateure. Schlotter sagte: «Wenn das hier vorbei ist, trinken wir einen.»

«Und wenn etwas passiert?»

Schlotter blickte ihn lange an: «Dann trinken wir auch einen. Auf der Beerdigung.»

19

Die Frau stand am Straßenrand und blickte in den Sucher einer Videokamera. Sie hob den freien Arm und ließ ihn wieder sinken. Eine Serpentine unter ihr schwangen sich zwei Männer auf ihre Räder. Sie hatten niemand, der sie anschob. Verzweifelt traten sie in die Pedale, es war absehbar, daß sie wieder absteigen mußten. Dann war da der Junge, erst schob er den Linken, lief zurück, dann schob er den Rechten. Die älteren Männer konnten sich nicht bei ihm bedanken, es hätte sie aus dem Rhythmus gebracht.

«Bist ein guter Junge», sagte Nicoletta und tätschelte Kevin die Schulter.

«Alte Leute sollten nicht radfahren», sagte er, setzte sich an den Straßenrand und nahm das Fernglas vors Gesicht. Nicoletta blickte auf die zahlreichen Kehren des Galibier-Passes. Der Gipfelpunkt lag 2647 Meter hoch. So grausam es war, dort hinaufzumüssen, so grausam war das, was danach kam: die Abfahrt. Es war nicht allein die Geschwindigkeit von 70 oder 80 Kilometern. Es war die Kälte. Eine Zeitung, um sie vor den Bauch zu klemmen, bekamen nur die Cracks gereicht. Die Normalbürger mußten frieren oder sich einen Regenanorak anziehen.

Jahrelang hatte Nicoletta davon geträumt, die legendäre Nord-Süd-Strecke zwischen Nizza und Martigny abzufahren. Auf der «Haute Route» zwischen Mittelmeer und Genfer See standen 10000 Höhenmeter im Weg. Zehn Pässe, zehn Chancen, um zu erkennen, wie klein der Mensch ist und wie schwach. Aber Nicoletta war nicht schwach. Hätte sie 15 Jahre früher mit dem Training begonnen, hätte sie es zu überregionaler Berühmtheit bringen können. Deshalb ärgerte es sie besonders, daß sie hier herumstand, als habe Schwäche sie vom Rad gezwungen. Eine Gruppe nach der anderen arbeitete sich an ihr vorbei. Am Tag vor der Etappe nutzten viele die Gelegenheit, geweihten Boden zu berühren. Sie mußten nur den Fans ausweichen, die unverdrossen die Namen ihrer Lieblinge auf die Straße pinselten. Von hier oben reichte der Blick zehn, 20 Kilometer weit. Es war erhebend, selbst für eine prosaische Natur wie Nicoletta, die sich aus Prinzip keinen Sonnenuntergang ansah, weil sie ihn so kitschig fand. Hier oben brannte die Sonne von einem wolkenlosen Himmel.

«Ich sehe sie nicht», sagte Kevin und ließ das Fernglas sinken. «Vielleicht haben sie aufgegeben.»

«Das wird's sein», sagte KaDe. Er hatte einige Meter von Kevin entfernt auf dem Rücken gelegen, die Augen geschlossen, Gesicht und Arme mit Sonnenschutzmittel eingerieben. «Das wird's sein. Siegfried und Roy bibbern vor Angst, wenn sie uns sehen.» – «Wir haben getan, was wir konnten», sagte Nicoletta.

«Haben wir nicht», sagte Kevin. «Wir haben noch gar nichts erreicht. Was ist denn, wenn es morgen knallt?»

«Dann ist die Katastrophe da.»

«Sehr witzig.»

KaDe blickte vorwurfsvoll zu Nicoletta herüber. «Deprimiere unseren Moralisten nicht», sagte er und setzte sich hin. KaDe überprüfte seine Taschen und nahm einen Briefumschlag heraus. Kevin bekam mit, wie KaDe den verschlossenen Umschlag lange anschaute. Kevin fand es blöd, daß KaDe aus dem Urlaub Briefe nach Hause schickte und keine Ansichtskarten. Ansichtskarten waren viel spannender – und man mußte nicht soviel schreiben. KaDe hob den Kopf, schaute nach Norden, wo der Col du Télégraph lag und dahinter der Col d'Iséran. Er war noch höher als der Galibier.

Kevin beugte sich zu KaDe hinüber: «Wenn die Tour vorbei ist, fahren wir auch die Strecke. Ganz sicher.»

KaDe sah den Jungen an und sagte: «Ganz sicher.»

Dann steckte er den Umschlag in die Brusttasche und stand auf.

«Ist was?» sagte Nicoletta, als KaDe vor ihr stand.

«Nein, nein», sagte er schnell. «Ich will nur tschüs sagen.»

«Kneifst du etwa und läßt uns hier stehen?»

«Ich fahre runter. Vielleicht finde ich sie da. Mehr, als seine Pflicht tun, kann man nicht.»

«Du hast es gut. Fahr vorsichtig.»

Einen schrecklichen Moment lang hatte Nicoletta das Gefühl, KaDe würde sie anfassen. Sie wußte, daß so etwas unter Freizeitsportlern vorkam und praktisch nicht zu vermeiden war. Aber unangenehm war es ihr trotzdem.

Als KaDe ihm die Hand hinstreckte, war Kevin überrascht. «Was ist denn?» sagte er. Dann schlug er lässig mit beiden Händen KaDes Hände ab. Er hatte das vor kurzem den Erwachsenen beigebracht. Sie hatten es nicht halb so albern gefunden, wie er befürchtet hatte. KaDe stieg aufs Rad und ließ es rollen.

Die ersten Kurven fuhr er weit an und bremste rechtzeitig. Aus den Kurven heraus beschleunigte er mit wenigen Tritten. Er mußte auf die anderen Fahrer achtgeben, die meisten nutzten die Gelegenheit, wie die Berserker zu bolzen. Vorn sah er einen, dem das Hinterrad wegschmierte. Er versuchte noch, sich zu fangen, unmöglich bei dieser Geschwindigkeit. Auf dem Rücken liegend rutschte er in den Schotter und durchs Gras. Der Wind war weich und kühlte herrlich, die Landschaft kahl und weit. KaDe schloß die Hände fest um den Lenker. So war es gut, so beherrscht mußte er fahren, nicht der Versuchung nachgeben, aufpassen, sich von der tiefen Seite der Straße fernhalten. Im Fahren holte er die Brille heraus. Die Augen hörten auf zu tränen. Mit jeder Kurve fühlte er sich sicherer. Ab und zu kam ein Auto, aber hier akzeptierten sie das Vorrecht der Radfahrer. Nach der zehnten Kurve fühlte sich KaDe sicher. Er fuhr automatischer, es fuhr mit ihm bergab. Ab und zu ein Wagen der Rennställe, Once, ZG Mobili, weiter. KaDe legte sich über den Lenker, fühlte sich jung, fand es ganz spaßig. Aber nicht notwendig. Nicht mehr. Er war 50 Kilometer schnell und wurde oft überholt. KaDe richtete sich auf, setzte seine Brust dem Wind aus. Da vorn war es dunkelgrün. Die ersten Waldstücke, die Geraden wurden länger. Autos, die ihn überholten, waren nun schon richtig schnell. Der Fahrer hob die Hand zum Gruß, KaDe winkte zurück, fuhr an, bremste ab, die Kurve, fünfmal treten, rollen lassen, der Wind, der Wald, Kühle, Geschwindigkeit und 300 Meter schnurgerade Straße, gut geteert. KaDe hatte die Abfahrt im Kopf. Er wußte, wie lang sie war, wußte, wann Briançon kam, wann es zu spät sein würde. Treten, anfahren, abbremsen, Schotter spritzt, Kurve, herausbeschleunigen. Der Mensch und seine Maschine. Es war schön hier. Das machte es ihm leichter. Die Freunde waren gute Menschen, auch die, die er sich nicht ausgesucht hätte. Wer Rad fährt, kann kein schlechter Mensch sein. KaDe lachte, bekam ein Insekt in den Mund, hustete sich frei, lachte wieder. Lebensweisheiten auf der Abfahrt, wie sinnig. Eine Kurve, schnell werden, immer schneller, die Steinbrücke über den Bach, sich wappnen. Letzte Ausfahrt Galibier. KaDe lachte und trat, eine Pedalumdrehung war wie Hochschalten. Zwei Tritte, und du bist eine Kugel. Sie schossen an ihm vorbei, den Kopf fast über dem Vorderrad. Kälter, immer kälter, Baumwipfel vor der Sonne und einige hundert Meter tiefer als beim Start. KaDe horchte in sich hinein, alle Antennen auf Empfang. Er hörte, was er erwartet hatte. Seine Beine traten und traten. Die Kurve noch, Antritt, rasend schnell, der Pkw schoß vorbei, KaDe beugte sich nach vorn, trat und trat und trat und trat, 20 Meter bis zur Kurve. KaDe trat und richtete den Oberkörper auf. Er schloß nicht die Augen.

Augenzeugen schätzten später seine Geschwindigkeit auf 90 km/h. Die Mediziner erklärten, daß er sich schon am ersten Baum das Rückgrat gebrochen habe und unmöglich auf dem weiteren Flug bei Bewußtsein gewesen sein konnte. Beim Aufprall riß die Hauptschlagader im Bauch, die hochstehenden Wurzeln eines umgestürzten Baums durchbohrten die Leber. Der linke Oberschenkelknochen wurde aus der Hüftpfanne gedreht und durchstieß die Haut. Der einzige Körperteil, der unverletzt blieb, war das Gesicht.

«Aber hallo», sagte der Kameramann und begann demonstrativ mit seinem Gerät zu wackeln. Paula blickte ihn an, als sei er etwas, was man morgens im Waschbecken findet, nachdem man abgehustet hat.

Sie arbeiteten sich durch das Gewühl des Pressezentrums am Ziel der Etappe. Die Kabel waren verlegt, Monitore, Laptops, Telefone waren angeschlossen. Alle Anwesenden starrten auf die Bildschirme, die den Schluß der Etappe übertrugen.

«Die Franzosen wissen nichts», sagte Alexander, als er zu Tilo und Paula gestoßen war.

«Warum ist das hier nicht voller?» sagte Tilo.

«Die fahren doch alle mit», sagte Alexander wichtig. «Das ist eine Wissenschaft für sich. Zufällig weiß ich einiges darüber. Ich bin gern bereit, dich zu infor...»

Tilo nahm Paula zur Seite und sagte: «Verstehst du jetzt, warum alle Lehrer in meinen Alpträumen wie Alexander aussehen?»

Paula lächelte. Aber sie war nicht fröhlich. Sie war nur dankbar, daß Tilo versuchte, sie abzulenken. Tilo war dankbar, daß sie ihm erlaubte, ihr Ritter zu sein. Gestern abend hatte ihm das gut gefallen, heute fand er es erregend. Eine Frau als schützenswertes Objekt zu betrachten war für Tilo eine neue Erfahrung. Er hatte sich vorgenommen, sie nicht anzufassen oder gar zu umarmen – und wenn doch, dann in brüderlicher Manier. Brüder reiben ihre Brust nicht an weiblichen Brüsten, legen ihre Hände nicht auf weibliche Hinterteile und ziehen bei der Umarmung das Becken automatisch einige Zentimeter zurück.

Pantani, Virenque und Escartin – die Spitzengruppe 20 Kilometer vor dem Ziel. Dahinter Ullrich, Riis und Dufaut. Der Abstand betrug gut drei Minuten und verringerte sich laufend, wenn auch langsam. Bis auf Ullrich fuhren alle im Stehen, Riis und Pantani hatten das Trikot bis zum Bauchnabel aufgerissen. Riis mit dem getrockneten Blut wirkte furchterregend. Zwischendurch schwenkte die Kamera immer wieder auf seine Beine. Die Schrammen wirkten, als habe ihn jemand mit der Heugabel angegriffen.

«Da! Da ist er!» rief Paula. Er hieß Istvan noch was und arbeitete für *dpa*. Er hatte einen Ring im Ohr und betonte seinen Ehrgeiz, bald genauso wie Ullrich auszusehen. Tatsächlich wies er einige Sommersprossen auf, aber er war mager und untrainiert, kaum älter als Ullrich. «Ich muß hierbleiben», jammerte er. «Die anderen fahren im Troß mit, ich nehme Anrufe entgegen. Da kommst du dir alt vor.»

Paula tröstete den jungen Spund, was der sich gern gefallen ließ. Dann nahm Tilo das Heft in die Hand. Bei der bloßen Erwähnung des Worts «Attentat» reagierte Istvan wie elektrisiert und wollte sofort alles wissen. Seufzend ließ Tilo von ihm ab, es sollte ja umgekehrt laufen. Immerhin brachten sie ihn dazu, einige Kollegen zu befragen, während sie selbst die Runde machten und sich als Journalisten aus der Provinz ausgaben, die zum Thema «Der Preis des Ruhms» recherchierten. Das Mitleid der Befragten mit den Millionären hielt sich in engen Grenzen. Aber zum Millionär brachten es bestenfalls die Spitzenfahrer, und die bestehende Einkommensdistanz zu Fußballern, Tennisspielern und Formel-1-Fahrern fanden alle Befragten skandalös. Radrennfahrer sind die Giganten. Die Leistung, eine große Rundfahrt wie die Tour überhaupt nur durchzustehen, rang den anwesenden Journalisten Respekt und Bewunderung ab. Alexander mit seiner Allwissenheit wurde sofort zum Mittelpunkt der Diskussion. Natürlich hing jeder mit einem Auge am Bildschirm, aber der Anblick eines Enddreißigers mit Telekom-Trikot und Reserveschlauch um den Oberkörper war eine Story wert. Erst erschreckt, dann zunehmend eitel posierte Alexander vor diversen Objektiven. Während er dann ausholte und die Reporter mit seiner nöligen Suada, folterte, fragte sich Tilo bei Journalisten aus den großen Radsportnationen durch. Am längsten blieb er bei den Holländern. Sie hatten sich damit abgefunden, daß es auch in diesem Jahr wieder nichts mit der vorderen Plazierung eines Landsmanns werden würde. Attentate? Ach ja, zu selten, viel zu selten. Tilo, verdutzt, dann lachend, spielte mit den Reportern ein lustiges Spiel: «Wo würde ich Ullrich angreifen, wenn ich ein böser, böser Mensch wäre?» Die Antworten fielen nicht durchweg qualifiziert aus. «Zwischen den Beinen» – «An den Werbeverträgen» – «Ich würde seine Frau zu Scientology bekehren» – «Gift in die Sonnencreme» – «Die Fahrer beim Pinkeln auf eine elektrische Leitung pieseln lassen» – «Kameramann bestechen» – «Dopinggerüchte streuen» – «Den Pulsmesser manipulieren».

«Moment, Moment», sagte Tilo, «was war das mit dem Kameramann?»

Der Journalist wollte die Kamera als Waffe benutzen. «Wie in ‹Peeping Tom›. Da war es ein Messer in der Kamera. Hier müßte es etwas anderes sein.» Das leuchtete Tilo ein. Eine Kamera kam dicht an den Fahrer heran und konnte exakt auf einen bestimmten Körper ausgerichtet werden. Ein Giftpfeil, eine Kugel, alles schien Tilo möglich. Schuß – und dann Vollgas. Niemand holt ein Motorrad in den Bergen ein. Die Ernüchterung kam gleich danach. Der niederländische Journalist lachte, als Tilo arglos über fremde Autos und Motorräder sprach, die sich in die Etappe einschleichen. Kein Journalist war unterwegs, der nicht offiziell akkreditiert war. Die Medienmenschen durften nur in bestimmten Autos auf die Strecke. Zwei Mann, ein Auto. Jedes Auto hatte ein Empfangsgerät für den Tourfunk an Bord, und man mußte damit rechnen, bei auffälligem Verhalten von der allessehenden Zentrale zur Raison gerufen zu werden. «Accélérez, Messieurs!» war noch die harmloseste Aufforderung. Es konnte auch vorkommen, daß allzu forsche Medien-Pkws zum Halten gezwungen wurden. «Da läuft nichts», sagte der Holländer. «Und wenn doch was läuft, dann höchstens hinten im Feld, wo keine Kamera ist und wo man nicht den Sportlichen Leitern in die Quere kommen kann. Ullrich findet aber nicht hinten statt, sondern vorne. Ohne Genehmigung hinter einen der Spitzenreiter zu gelangen – das möchte ich sehen, ob das klappt.»

«Ist ja schon gut», sagte Tilo gequält. «Und was war das mit dem Pulsmesser?»

Der Pulsmesser war die Lebensversicherung der Fahrer. Alle trugen ihn am Handgelenk. Mit seiner Hilfe stellten sie fest, wie dicht sie am Level fuhren. Die maximale Belastung, bei der sie sich noch wohl fühlen, war vorher beim Training und kleinen Rennen festgestellt worden. Auf den Touretappen fuhren sie so dicht wie möglich an die kritische Grenze heran, überschritten sie aber nicht, weil dann der Kollaps drohte – ein schwarzes Loch, aus dem der gepeinigte Körper nicht mehr herausfindet. Spitzenfahrer überstanden einen Puls von 180 Schlägen in der Minute über einen langen Zeitraum. «Das meine ich», sagte der Niederländer. «Manipuliere den Zähler so, daß er 180 zeigt, wenn der Puls in Wirklichkeit bei 200 liegt. Dann fällt dir der Junge zuverlässig vom Rad.»

«Ich seh sie! Ich seh sie!» Kevin hatte das Fernglas vor dem Auge und trat aufgeregt von einem Bein aufs andere. Nicoletta schnappte sich das Glas, ignorierte die Richtungsanweisungen des Knaben und stellte scharf. Siegfried und Roy, kein Zweifel. Sie standen an einem Lancia, der auf dem Randstreifen geparkt war. Sie waren zu dritt. Der dritte hörte zu, wie Siegfried oder Roy, während er sprach, auf die tiefer liegenden Serpentinen wies.

«Den kenn ich», sagte Nicoletta.

«Klar», rief Kevin, «das sind Siegfried und ...»

«Der dritte, du Experte. Ich habe den dritten irgendwo gesehen.»

«Vielleicht bei uns zu Hause.»

«Natürlich nicht zu Hause. Zu Hause sehe ich nur Bauern.» Nicoletta schloß die Augen. Manchmal half das, heute nicht. Aber sie kannte den Mann. Sie mußte näher heran, es waren nur zwei Serpentinen bis zu den Männern. Der dritte war total in Schwarz gekleidet, eine Dummheit bei diesem Wetter. Sein Haar war vorn dünn, hinten baumelte ein Pferdeschwanz. Nicoletta stieg zehn Meter vor den dreien ab, eine Radlergruppe bot ihr Schutz. Die drei sprachen Französisch, damit war sie aus dem Rennen. Aber besonders geheim konnte ihr Thema nicht sein, sonst hätten sie sich nicht so ungeniert unterhalten. «Sieht aus wie ein Killer», sagte Kevin. Nicoletta wußte nicht, wie Killer aussehen. Siegfried und Roy sahen nicht so aus. Und die meisten Killer, die das Fernsehen im Gerichtssaal zeigte, sahen auch nicht so aus. Nur in Filmen sahen Killer aus wie Killer. Wo zeigen die hin? fragte sich Nicoletta verwundert. Sie wiesen in Richtung Gipfel des Galibier, aber nur großrahmig, ins Ungefähre. Kevin schlich mit dem Rad näher, er sprach ja etwas Französisch. Aber nun rückten die drei von der Straße fort und deuteten talwärts. Nicoletta war wütend, weil keine brauchbare Information abfiel. Noch wütender war sie, weil diese Männer sie an der ausgestreckten Hand verhungern ließen. Das vertrug sie nicht, das ging gegen die historische Abmachung, die sie mit sich getroffen hatte:

keine Sekunde mehr abhängig von einem Kerl, auch nicht von Robert Redford. Selbst von Til Schweiger nicht. Nicoletta wußte, daß ihr dabei vielleicht etwas entgehen könnte. Aber es war besser so. Ein sauberer Schnitt, nur Weiß und Schwarz. Sie mußte sich schützen und wie sollte sie es schaffen, Til Schweiger in ihre kleine Zweizimmerwohnung zu bekommen? Sie hatte nicht einmal Alkohol im Haus. Und selbst für diesen Schönling würde sie ihr Besucherkopfkissen nicht beziehen. Natürlich war es manchmal recht einsam im Leben der Nicoletta. Aber alles hatte seinen Preis. Andere Frauen ließen sich auf Männer ein, aber irgendwann lagen sie heulend auf dem Sofa, eine Wärmflasche auf dem Bauch, und verfluchten die Kerle. Als Kevin vor ihr stand, gönnte sich Nicoletta einen Blick. Vielleicht war das die Lösung: Youngster einreiten. Als sie noch Frauenmagazine gelesen hatte, war dort auch einiges über blutjunge Männer abgedruckt gewesen. Leicht zu lenken, keine finanziellen Ansprüche, keine Rastellis im Bett, aber lern- und wiß- und sexbegierig. Vielleicht war das die Lösung. Schnapp dir den Jungen und zeig ihm, wo der liebe Gott in der Frau die Öffnungen gelassen hat. Aber wenn er sich in sie verlieben würde? Wenn er anhänglich wurde? Die Frauenmagazine hatten immer davor gewarnt. Blutjunge Liebhaber hatten die Neigung, anstrengend zu werden. Weg mit Schaden und den nächsten gegriffen. Es wuchsen ja ständig neue nach. Und wenn Kevin petzen würde? Sie wohnten in derselben Stadt, keine 30 000 Einwohner. Viel zu klein, um anonym zu bleiben. Und sein Vater war kein kleines Licht. Was, wenn Willi sauer wurde? Wenn er sie zur Rede stellte. «Was hast du dir bloß dabei gedacht? Warum hast du nicht mich gefragt?» Ja, warum eigentlich nicht. Nicoletta schlug sich die Hand vor den Mund. Es mußte an der Sonne liegen. Sie hatte etwas Aufreizendes. Und Kevin hatte einen ausgesprochen leckeren Hintern.

«Pardon», sagte sie.

«Macht nichts», sagte Kevin nebenbei und bekam ihren verächtlichen Blick nicht mit. Er merkt nichts. So sind sie. Du kannst vor ihren Augen nackt tanzen, und sie fragen dich, ob du Neurodermitis hast, dachte sie.

«Schöner Mist», sagte Kevin. «Jetzt müssen wir drei Leute beschatten.»

Unten, dort, wohin die Arme der Männer zeigten, fuhr ein Pkw. Für die vielen Radfahrer auf der Paßstraße fuhr er zu schnell. «Rücksichtslos», sagte Nicoletta.

«Papas Auto», sagte Kevin. «Dieselbe Farbe.» Eine Serpentine später sah er genauer hin, sah Nicoletta an, verfolgte das Auto, als es rücksichtslos einen Trupp Radler zur Seite hupte.

«Da seid ihr ja!» rief Willi und sprang aus dem Auto. Die drei Männer beim Lancia blickten sich erstaunt um. Willi eilte zu Nicoletta und Kevin. Er vibrierte vor Nervosität oder Aufregung. Er öffnete den Mund, verharrte dann, wirkte wie versteinert, blickte seinen Sohn an. Der wurde ängstlich und verzagt: «Papa, was ist denn? Ist etwas passiert?»

Und in dem Moment, in dem Nicoletta beschloß, nie mit einem Jungen ins Bett zu gehen, der seine Eltern Mama und Papa nannte, sagte Willi: «KaDe ist tot.»

20

Kevin weinte, Tilo legte ihm einen Arm um die Schulter. Kevin drückte sein Gesicht an Tilos Brust und schluchzte jämmerlich. Willi wäre es lieber gewesen, wenn Tilo den Jungen nach draußen gebracht hätte. Nicoletta saß in der letzten Bank. Alexander stand mit Paula vor dem Sarg. Blumencron, der, wie Willi gereizt registrierte, jetzt schon zum vierten Mal alle Seiten der kleinen Kapelle abgeschritten hatte, ging zum Kopfende des Sargs. Dann streichelte er über KaDes Wange, sehr zart, mit den Außenseiten der Finger seiner linken Hand. Es gab nichts dagegen einzuwenden, aber Willi hätte ihn gern dafür geschlagen. Oder getreten. Irgend etwas, nur um die Verspannung der Muskeln zu lösen.

«Er darf nicht gehen», schluchzte Kevin an Tilos Brust. Tilo tätschelte ihm den Rücken und blickte ins Nirgendwo. Alexander am Sarg begann leise zu murmeln. Dann sagte er: «Ich kann es noch. Ich habe 30 Jahre nicht daran gedacht, aber ich weiß noch alles.» Und er murmelte weiter sein Gebet.

Es war nicht kühl in dieser Kapelle, das wunderte Nicoletta. Seit vielen Jahren suchte sie Kirchen nur noch auf, um sich abzukühlen, wenn sie von den Rundgängen in fremden Städten müde geworden war.

«Er ist nicht tot», behauptete Kevin. «Er sieht nicht tot aus. Papa ...»

Hilflos straffte sich Willi, er stellte sich neben seinen Sohn, wartete darauf, daß Kevin die Schulter wechseln würde.

«Er ist nicht tot», sagte Blumencron. «Wie kommst du darauf? Er läßt uns nur alleine weiterfahren. Er ist nicht tot, dieser dumme alte Mann.» Willi hätte sich nicht gewundert, wenn er KaDe jetzt tadelnd in die Wange gekniffen hätte. Willi selbst spürte gar nichts. Er kannte das, er war alt genug, um Erfahrung mit Todesfällen aller Härtegrade zu besitzen. Zuerst vereiste er, jedesmal. Er wußte, daß er dann aussah, als würde ihn nichts kümmern. Aber es klappte nur so. Er mußte über diese Klippe hinweg. Der Tod war nicht dafür da, sich an ihn zu gewöhnen. Es gab Todesfälle, die sich monatelang vorher abzeichneten. Es gab Sekundentode: Infarkte des Herzens und Gehirns, Verkehrsunfälle, alles, was Willi für das normale Risiko des Lebens hielt. Dies war ein Sekundentod, aber das stimmte nicht. Dies war ein Tod mit langem Anlauf. Der Anlauf hatte dicht neben ihm stattgefunden, und er, Willi, hatte nichts davon bemerkt. Nichts, niente, null, nada. Versagt. Geh und schmeiß dich weg. Das hatte nichts zu bedeuten, so war es immer. Er geißelte sich und kam darüber hinweg. Aber irgendwann kam die Ausnahme von der Regel. Man wurde auch älter, und wenn dann einer wie KaDe es so diabolisch anstellte...

«Nicht tot», sagte Kevin jämmerlich. Er bettelte darum. Willi hätte ihn gern geschlagen. Vergessen, daß es sein Sohn war.

Die Tür fiel zu, Nicolettas Platz war leer.

Gleich darauf kamen vier Fremde. Vorsicht, Tourist! stand auf ihren T-Shirts. Vielleicht ging es ihnen sogar um Kultur in der kleinen Kapelle von Briançon. Aber sie sahen den aufgebahrten Toten und drehten sich um.

Dann kam die alte Frau, Gesicht, Kleidung, Körperhaltung – alles war Klischee. So hatten die Alten in den Bergen auszusehen, Falten, schwarz, gebeugt. Und keine Scheu vorm Tod. Sie ging nach vorn, schlug das Kreuz, murmelte, was niemand verstand. Sie hatte kein Auge für die Lebenden, vielleicht gratulierte sie dem Herrn für seinen neuesten Fang. Der große Fischer nahm die Menschen, wie sie kamen: unversehrt, zerstückelt und verstümmelt. Aber KaDes Gesicht war unversehrt. Der Chef der Gendarmerie hatte ihnen mitgeteilt, wie es darunter aussah. Gut, daß er nur gebrochen deutsch sprach. Viele Worte standen ihm nicht zur Verfügung. Er hatte sie hinterher Alexander gesagt, und der hatte nicht alles übersetzt. Das war Zensur, er wußte das. Er mußte die anderen nicht schonen. Aber er war so entsetzt. Alexander hatte die Chance, die Träne wegzuwischen, bevor sie über die Wange rollte. Er ließ die Chance vorübergehen.

Willi sagte zu Tilo: «Bring den Jungen vor die Tür.»

Kevin drehte sich um, tränenblind, aufgequollen. «Das ist so schrecklich», stammelte er.

«Es ist ein großes Unglück», sagte Willi.

Wieder die Tür, der Kommissar oder Gendarm kam herein.

Er blieb an der Tür stehen, winkte, vielleicht einem, vielleicht allen. Willi ging zu ihm, Tilo folgte.

Draußen war es schwül. Keine Sonne mehr, aber noch kein Gewitter. Zwischen den geparkten Autos, den knatternden Mopeds und der Kapelle reichte der Polizist ihnen den Brief. «Das ist für Sie», sagte er. «War in der Tasche des Trikots. Ist das seine Schrift?»

Das wußten beide nicht. Sie spürten, daß der Polizist sie dafür weniger achtete. Willi war so schlau zu nicken, damit der Polizist eine Gelegenheit erhielt, sich zurückzuziehen. «Wir haben seine Frau angerufen», sagte er noch.

«O Gott», sagte Tilo. Der Polizist ließ sie allein. «Sie wird den ganzen Ort zusammenschreien», sagte Tilo. «Das läßt sie sich nicht nehmen.»

Willi zog das Papier aus dem Umschlag. Er hatte alles auf einer Seite unterbringen wollen. Was für ein Ehrgeiz, dachte Willi und drehte das Blatt um. Leer. Dann las er.

Danach reichte er das Blatt an Tilo weiter und lehnte sich an die erstbeste Motorhaube. Das Blech war heiß.

«Meine lieben Indurains,
weil ich weiß, wie stark ihr seid, schreibe ich euch dies. Es fällt mir nicht leicht, aber wir sind jeden Berg gemeinsam hinaufgekommen, dann werden wir auch dies gemeinsam hinter uns bringen. Das meiste ist ja schon geschafft. Es ist Leberkrebs. Die Medizinmänner haben mich auf den Kopf gestellt, bevor sie die Bypässe legen wollten. Dabei haben sie ihn gefunden. Hat sich dick und rund gefressen. Metastasen noch und nöcher. Sie wollten trotzdem die Bypässe legen. Ich habe das abgelehnt. Mein Dank ans Solidarsystem. Die Sachbearbeiterin bei der Krankenkasse war auch immer so nett zu mir. Danke für die Zeit mit euch. Ein paar Touren mehr wären natürlich toll gewesen. Aber ich habe mir das nicht ausgesucht. Ich bin

ausgesucht worden. Ich habe es schnell kapiert, das müßt ihr mir glauben. Keine Angst im Hinterkopf. Wat mutt, dat mutt. Und ich wollte doch so gern noch einmal mit euch los. Grüßt Indurain von mir, wenn ihr ihn seht. Ihr wißt, ich halte ihn für den Größten. Da muß unser Jan noch lange strampeln, bevor er so groß ist. Die Narbe, die ich euch gezeigt habe, war nicht ganz echt.

Adieu. Ich umarme euch alle. Denkt mal an mich. Ich denke sicherlich an euch. Und wenn die oben nicht total unsportlich sind, diese Engel mit dem Schmerbauch, dann rede ich denen eine Rundfahrt ein. Die Große Schleife rund ums Paradies. Oder den Giro durch die Hölle.

Wir sehen uns.

Euer KaDe

PS: Und kommt bloß nicht auf die Idee, die Tour abzubrechen. Ich bestehe darauf, daß ihr sie zu Ende fahrt, wie geplant. Macht mir keine Schande.»

Tilo ließ das Blatt sinken und sagte: «Die müssen ihn natürlich obduzieren. Was sind denn das für Zustände hier? Schlamperei. Wie im Orient.»

Willi sagte: «Reg dich nicht auf. Akzeptier es einfach.»

«Wieso denn? Mir hat die Sonne doch nicht das Gehirn aufgeweicht. KaDe muß obduziert werden. Damit sie rausfinden, woran er wirklich gestorben wäre.»

«Da steht es doch.»

«Was ist denn das?» schrie er. «Das ist ein Stück Papier. Das kann jeder geschrieben haben.»

«Wer denn? Der Mörder?»

«Warum nicht der Mörder?»

Dann lasen es auch die anderen, bis auf Kevin, der vor Tränen nichts erkennen konnte. Auch Nicoletta war wieder aufgetaucht, sie roch nach Alkohol.

Blumencron sagte: «Dieser dumme alte Mann.»

«Und wir haben nichts bemerkt. Oder hat einer von euch…?» sagte Willi.

Niemand. KaDe hatte sie alle überrascht.

«Obduzieren», sagte Tilo. «Ich bestehe darauf.»

Sie machten ihm klar, daß sein Wunsch rechtlich nicht relevant war. Nur die Witwe konnte das verlangen. Aber vielleicht mußte sie ihn erst über die Grenze bringen. Hier ging man mit Toten pfleglicher um. Hier schnitt man sie nicht auf und wog ihre Innereien ab. Hier legte man sie in eine Kapelle, und eine schwarzgekleidete Alte kam aus der Kapelle und ließ Blumen zurück, nichts Besonderes, eine Handvoll vom Straßenrand. Willi kämpfte die Tränen nieder.

«Ich gehe da jetzt rein und zünde eine Kerze an», sagte Nicoletta. Sie mußte in kürzester Zeit unglaubliche Mengen in sich hineingeschüttet haben. «Wenn die Kerzen was kosten, klaue ich sie. Mir doch egal. Merkt doch keiner.» Sie torkelte los. Mopeds knatterten, drüben in den beiden Cafés riefen sich die jungen Gäste Worte zu, nach denen alle lachten.

21

Kevin war der einzige, der nichts aß. Mit angewidertem Gesicht betrachtete er die gefüllten Teller und sagte: «Ich finde euch ekelhaft. Wie könnt ihr jetzt an Essen denken?»

«Reg dich ab», sagte Tilo. «Der eine denkt ständig ans Wichsen, der andere ans Essen.» Kevin fuhr hoch, griff über den Tisch. Tilo drehte sich zur Seite, Kevins Hand rutschte von Tilos Hemd ab und landete als Hieb auf dessen rechter Wange. Alexander und Blumencron drückten Kevin auf den Stuhl zurück.

«Du möchtest dich nicht zufällig entschuldigen», sagte Tilo.

Willi sagte zu Tilo: «Treib's nicht zu weit.»

Als Tilo sah, daß er allein war, aß er weiter. Die Zahl der Weinflaschen auf dem Tisch wuchs im Viertelstundentakt. Erst als die Dämmerung über den Marktplatz kam, sagte Blumencron: «Laßt uns damit aufhören, KaDe zum besten Menschen der Welt zu erklären. Laßt uns darüber reden, ob wir weiterfahren.»

Kevin fuhr hoch: «Wenn ihr das tut, fahre ich allein nach Hause.»

«Roger», sagte Tilo. «Dann reicht ab morgen also das Toilettenpapier doppelt so lange.»

«Papa», sagte Kevin, «Tilo beleidigt mich. Sag ihm, daß er das nicht darf.»

«Tilo, hör auf damit, den Jungen zu ärgern.»

«Dann soll er damit aufhören, mich mit seiner Moral zu quälen.»

«Er trauert um KaDe.»

«Ich trauere auch um KaDe und benehme mich nicht so lächerlich.»

«Du bist erwachsen», sagte Willi. Sofort fuhr Kevin hoch: «Und ich? Bin ich nicht erwachsen?»

«Nein, mein Kleiner», sagte Alexander. «Dir fehlt zum Erwachsensein noch so viel.» Mit Daumen und Zeigefinger zeigte er einen Zentimeter an, aber Kevin war zu verletzt, um das Friedensangebot anzunehmen.

Nicoletta sagte: «Ich will nach Hause.»

«Aber warum? Mochtest du KaDe nicht?»

«Paß auf, was du sagst, ja?»

«Aber KaDe hat geschrieben, wir sollen weiterfahren.»

«Er wußte nicht mehr, was er tat.»

«Leberkrebs hat nichts mit dem Verstand zu tun.»

«Ich möchte das Wort nicht hören.»

«Verstand?»

«Du weißt genau, was ich meine», sagte sie. Noch ein Satz,

und sie würde etwas tun, was sie jetzt noch nicht überschaute. Sie wollte sich aber nicht gehenlassen. Nicht vor den Männern.

Blumencron sagte: «Wir müssen uns wieder beruhigen.»

«Mach das», sagte Tilo. «Darin hast du ja genug Talent.»

«Sollte das ein Versuch sein, mich zu provozieren?»

«Nein. Das war ein Versuch, Zigaretten aus dem Automaten zu ziehen.»

Von den Nebentischen im gutgefüllten Restaurant flogen ihnen immer mehr Blicke zu.

«Gut», sagte Blumencron. «Dann laß es doch kommen, Junge. Laß es einfach heraus. Das wird dir guttun.»

«Ach was», sagte Tilo. «Von dir lasse ich mich nicht provozieren.»

«Wieso denn nicht? Muß man erst eine Prüfung ablegen, bevor man dich provozieren darf?»

Tilo legte sich weit über den Tisch und rückte dafür die Flaschen zur Seite. «Was du sagst, geht mir doch voll am Arsch vorbei.»

«Hört auf, euch zu streiten», sagte Paula.

«Halt dich da raus, Schöne. Das ist eine Sache zwischen mir und meinem … diesem Phänomen da am anderen Ende des Tisches.»

«Hier gibt's kein Ende», sagte Paula. «Der Tisch ist rund.»

«Das sieht nur so aus. Wo Blumencron sitzt, ist immer das Ende. Der Rand. Blumencron gehört nicht zu uns.»

«Blumencron gehört aber zu uns», sagte Alexander. «Seit Jahren schon.»

«Das ist auch ein Phänomen. Wieso dulden wir so lange jemanden, der uns nicht leiden kann?»

Willi unternahm einen Versuch, das Unausweichliche abzuwenden: «Vielleicht sollten wir das morgen besprechen, wenn wir uns etwas abgekühlt haben.»

«Ich bin kühl», rief Tilo. «Ich bin absolut kühl. Und jetzt...» – er nahm die Wasserkaraffe und schüttete sie sich über den Kopf – «...jetzt bin ich noch kühler. Also, darf ich weiterreden, großer Häuptling?»

Willi winkte ärgerlich ab, und Tilo sagte, an Paula gewandt: «Du mußt wissen, Blumencrons Wiege stand nicht auf der Erde. Er ist aus den unendlichen Weiten des Alls zu uns niedergekommen.»

«Das ist mir doch zu blöd», sagte Alexander, stand auf und ging ins Restaurant.

«Das war unser Lehrer», sagte Tilo. «Alle 45 Minuten steht er auf und geht aufs Klo. Oder spielt am Automaten. Nach 45 Minuten ist eine Schulstunde zu Ende. Dann bricht etwas in ihm zusammen. Aber Blumencron ist kein Lehrer. Oder? Bist du ein Lehrer, Blumencron? Ein Volkserzieher wärst du wohl gern.»

«Tilo», sagte Paula eindringlich, «heute ist ein Freund von euch gestorben...»

«Selbstmord! Das ist was anderes! Er hat Selbstmord begangen. Den Berg runter und in der Kurve geradeaus weiter.» Tilo legte sich weit über den Tisch und imitierte eine Art Tiefflug. «Ich habe nicht gemerkt, wie mies es ihm geht. Die anderen auch nicht. Nicht einmal unser junger Freund von der moralischen Truppe.» Er nickte dem sich abwendenden Kevin zu. «Aber Blumencron hätte etwas merken müssen. Er ist so sensibel, so ungeheuer sensibel. Die Frauen erzählen sich wahre Wunderdinge von seiner Sensibilität. Stimmt's nicht, Blumencron? Stimmt es nicht, daß eine Berührung von dir die Frauen zur Ekstase treibt?»

«Mich nicht», stellte Nicoletta klar.

Tilo funkelte sie an. Er hatte die verletzende Bosheit auf der Zunge, aber sein Gegner war jetzt Blumencron. «Siehst du, Paula, Nicoletta widersteht ihm. Sie fährt ihm einfach auf dem

Rad weg. Deshalb ist sie so schnell geworden. Aber Blumencron braucht kein Rad. Er überwindet Raum und Zeit mit der Kraft seines Selbstbewußtseins.»

Paula blickte Blumencron an und sagte scheu: «Warum ist er so wütend auf Sie?»

«Ich weiß es nicht. Ich glaube, es könnte daran liegen, daß er unter Druck steht und ich zufrieden bin.»

Alexander kam mit zwei Flaschen Wein und einer Wasserkaraffe an den Tisch zurück.

«Irrtum», sagte Tilo. «So wie du möchte ich nie werden. Ums Verrecken nicht. Immer die Nase hoch. Immer Kalle Wichtig. Nie dabei, wenn sich die anderen dreckige Witze erzählen. Hast du dir in der Schule Bilder von nackten Frauen angeguckt? Siehst du, das verrätst du uns nicht, du Gutmensch.»

Willi sagte scharf: «Mach jetzt Schluß. Ihr müßt euch morgen wieder in die Augen gucken können.»

«Ich kann das», sagte Blumencron.

Tilo schlug verzweifelt beide Hände vors Gesicht und stieß einen gurgelnden Laut aus. «Ich halt das nicht aus. Du kommst einfach nicht an ihn ran. Er glitscht dir weg wie ein Aal. Du bist schleimig, Blumencron. Du glaubst, du bist freundlich. Aber du bist glitschig. Du lächelst auch nicht. Du schaltest nur eine bestimmte Muskelstellung im Gesicht an.»

Er lächelt immer noch, dachte Willi fasziniert. Er muß vorsichtig sein. Tilo wird ihn gleich angreifen. Und ich werde nicht sofort dazwischengehen, weil ich ein schlechter Mensch bin.

Alexander entkorkte die Flaschen und goß allen außer Tilo ein. Auch Kevin erhielt einen Schluck. «Sie hassen dich, weil du dich so gut unter Kontrolle hast», sagte Alexander und lächelte Blumencron an. «Ihr Leben ist unordentlich, Tilo sucht verzweifelt nach einer Frau, um eine Familie zu gründen. Aber sie verlassen ihn alle, weil sie spüren, wie unruhig er ist.»

«Halt's Maul, Lehrer», schnaubte Tilo.

«Du müßtest einmal ausflippen», sagte Alexander zu Blumencron. «Besauf dich. Hier, guck, ich gieß dein Glas voll. Trink aus, trink die Flasche aus und eine zweite. Und dann geh zu Tilo und kotz ihm ins Gesicht. Dann seid ihr Freunde. So geht es zu in unserer Welt, lieber Freund aus den unendlichen Weiten des Weltalls.»

Alexander trank sein Glas in aller Ruhe aus. Am Tisch herrschte Ruhe. Tilo begann abwesend zu essen. Willi verdünnte den Wein seines Sohns mit Wasser. Plötzlich stand Blumencron. «Meine Freunde», begann er. Tilo hob kampflustig den Kopf. «Meine Freunde, wir müssen uns darüber klarwerden, was heute geschehen ist.» Tilo ließ den Kopf sinken und gabelte weiter. «KaDe ist tot. Wer behauptet, daß er das schon begriffen hat, dem glaube ich nicht. Für mich ist er noch bei uns. Er ist einer der besten von uns auf dem Rad, viel besser als ich. An guten Tagen fast so gut wie Nicoletta, die an ihren besten Tagen fast so gut ist wie Indurain. KaDe hat sich auf die Tour de France gefreut, ich auch, wir alle haben uns gefreut. Wir haben sie gemeinsam begonnen, und wir werden sie gemeinsam zu Ende fahren. Das ist Ehrensache. Wir fahren weiter, KaDe fährt weiter, wir alle gemeinsam. KaDe im Gedächtnis, im Herzen, und wer nicht aufpaßt, dem könnte er durchaus vors Vorderrad gurken. Ich hebe mein Glas auf KaDe, vor allem aber auf unsere Freundschaft. Er hat mir erlaubt, mich seinen Freund zu nennen. Bei keinem von euch war das anders. Das ist ein Pfund. Damit können wir wuchern. Wir trinken auf KaDe, und wer nicht mittut, den soll doch der Teufel holen.»

Alle erhoben sich, ergriffen ihre Gläser. Erst hatte Willi das Gefühl, sich geirrt zu haben. Aber als er sich zur Seite drehte, sah er, daß die Franzosen am Nebentisch aufgestanden waren und ihre Gläser hielten. Sie standen auch am Tisch rechts von ihnen und vorn an der Straße. Alle Menschen im Restaurant waren aufgestanden. Und als Blumencron nun sein Glas hob, taten es ihm alle nach.

22

Der Wirt bedauerte unendlich, aber seine Zimmer waren belegt. Sie waren seit der Tour 1952 jedes Jahr belegt, egal, ob der Tourwurm in der Nähe vorbeizog oder nicht. Es war halb zwei nachts, bis auf Kevin waren alle rettungslos angesoffen, kein Gedanke an Autofahren. Briançon war ausgebucht. Mißmutig betrachtete Willi die Stühle vorm Restaurant, die der Wirt als Angebot zur Güte stehenlassen wollte, damit es sich die Gäste aus Deutschland für die Nacht bequem machen konnten. Plötzlich stand der italienische Kellner vor ihnen. 30 Sekunden später war der Handel geschlossen. Er bewohnte mit zwei Kollegen ein altes, windschiefes Steinhaus am Ortsrand. Zur Sommersaison wechselten sie über die Grenze, Italien lag ja nur wenige Kilometer entfernt. Die Einrichtung war spartanisch, aber hinter dem Haus lag die Scheune, ein besserer Gerümpelschuppen. Eine Glühbirne schaffte es nur mühsam, Helligkeit durch ihren Schmutz- und Fettmantel zu brennen. Jeder stromerte durch den Sperrmüll, bediente sich hier und da, der Kellner organisierte Decken, und um zwei Uhr saßen sie zwischen den beiden einzigen modernen Errungenschaften des Häuschens: der Gaggia und der Satellitenanlage. Während sich hinter ihnen die Maschine röchelnd und hustend von Espresso und Cappuccino trennte, lief im Fernseher die letzte Stunde der heutigen Etappe. Virenque und Pantani, die von Ullrich und Riis gejagt wurden. Die Italiener im Raum machten die Nacht zum Tage. Elefantino war vorn, da, wo er seit Jahren hingehörte und wo ihn ein grausames Schicksal nicht sehen wollte. Medizinische Kommuniques schwirrten durch den Raum. Der barbarische Sturz im Herbst 1995, ein Geländewagen fährt Pantani zu Boden, das linke Schien- und das linke Wadenbein sind vielfach gebrochen. Komplizierte Brüche, die schlecht verheilen. Entzündungen stellen sich ein, mehrere Operationen, bis gnädig Narbengewebe über das Drama wächst. Pantanis linkes Bein ist jetzt acht Millimeter kürzer als das rechte. Etwas Schlimmeres kann einem Rennfahrer kaum passieren. Ständig ist er in Gefahr, falsch zu belasten, falsch auf dem Sattel zu sitzen. Neue Schmerzen, chronische Probleme, so kann eine Karriere enden. Aber Elefantino fährt wie ein Gott. Die Italiener feuern ihn an. Es ist die reinste Form der Liebe. Und wie er kämpft. Selbst Paula, die zu Anfang bestreitet, daß es schöne und häßliche Fahrer gibt, muß zugeben: Pantani reißt sie mit. Er ist nicht so elegant wie Virenque, aber Pantani siehst du an, daß er heute den vierten Berg hinauffährt. Und er will gewinnen. Er kann sogar noch Gesamtsieger werden, aber das liegt in ferner Zukunft. Heute will er gewinnen. Im Trikot von Mercatone Uno stecken 60 Kilogramm pure Energie.

Im Trikot des Teams Telekom steckt pure Eleganz. Zwei Minuten bleibt die Kamera pausenlos auf Ullrich, dem Verfolger. Kein einziges Mal verläßt er den Sattel. Sein Gesicht ist angestrengt, aber es zeigt sich kein Schmerz, kein roter Bereich. Wie Indurain in seinen besten Tagen. Unwiderstehlich zieht Ullrich den Berg hoch, Riis ruft ihm etwas zu und läßt abreißen. Diesmal wartet Ullrich nicht, er blickt sich einmal um und dann nie wieder. Die Italiener klatschten Anerkennung, Alexander feuerte die Gaggia an. Dann teilen sie das Bild, links die beiden Spitzenreiter, rechts Ullrich. Wo ist Escartin geblieben? War er nicht eben noch vorn? Kein Wort über Escartin, wer hier zurückfällt, fällt aus der Öffentlichkeit heraus. Riis wird nur noch pro forma abgehakt, er wird sicherer Vierter werden. Ullrich fährt den Abstand zu. Die beiden Spitzenreiter haben keine zwei Minuten mehr. Und noch acht Kilometer bis zum Ziel. Auf jedem Meter der Strecke Zuschauer. Sie schwenken Fahnen, sie klatschen, feuern mit geballten Fäusten an, und die Jüngsten rennen einige Meter neben den Helden her. Dann springt der Teufel aus der Masse, den Dreizack hoch erhoben, zwei Hörner auf dem Kopf, einer der verrücktesten Fans. Keiner war so oft im Fernsehen. Ob es noch der Originalteufel ist, oder hat ihn die Tourleitung heimlich ersetzt, weil der Teufel zur Grundausstattung einer Etappe gehört? «Nehmt euch ein Vorbild an ihm», sagte Willi. «Dagegen sind wir gar nichts, und wir halten uns für Fans.» Nicoletta rief: «Gleich fällt er über seinen Schwanz!» Und sie lachte und lachte, lachte Tränen, weinte Tränen, wußte nicht mehr, welches Gefühl stärker war. Die Gaggia schrie um Hilfe, aber einer der Italiener kannte den Trick, um sie zu besänftigen. Zwischendurch realisierte Alexander, daß er den fünften Espresso trank. Morgens um drei. Ein Gesöff, frisch vom Himmel gesandt.

Niemand achtete auf Virenque, dabei konnte er die Tour gewinnen. Auf ihn blickte Frankreich, aber in dieser Küche gab es kein Frankreich. Selbst der Käse kam aus Italien. Paula stieß Tilo an und deutete nach rechts. Ein Italiener saß im Schneidersitz auf dem zerschlissenen Sisalteppich und betete. Sein Blick wie festgefressen am Bildschirm, seine Lippen bewegten sich fast unsichtbar. Und die Hände gefaltet.

«Jetzt könnte er langsam mal schwere Beine bekommen», sagte Tilo. Aber Pantanis Körper war intakt. Er hätte seinen Sattel abbauen und verschenken können, er erledigte alles im Stehen. Noch vier Kilometer, die Straße wurde immer schmaler, am Rand Zuschauer an Zuschauer, manche berührten die Helden, Pantani schlug wütend um sich, verriß das Rad, ein Aufschrei in der Küche. Pantani fing sich. Im Nu hatte Virenque fünf Meter Vorsprung. Fünf Meter bei acht Prozent Steigung sind kein Fliegenschiß. Pantani fuhr das Loch zu,

Willi starrte ins Nichts. Das Attentat! So ging es also. Vor Begeisterung einen Fahrer aus dem Gleichgewicht bringen. Wenn es beim ersten Versuch nicht klappt, dann vielleicht beim zweiten. Sicher beim zehnten. In diesem Moment gab Willi in aller Stille auf. Sie konnten nichts verhindern. Wenn sie Ullrich ausschalten wollten, würden sie es schaffen. Sie konnten nichts verhindern, sie waren Amateure, sie bestanden nur aus gutem Willen, aber sie wußten nichts. Sie hatten auch bei KaDe nichts gewußt. Tilo wußte nichts über Blumencron. Nicoletta kümmerte sich nicht um junge Menschen wie Kevin. Alexander war nur an Willis Seite, wenn der einen ausgab. Sie nannten sich Freunde und wußten nichts voneinander. Es war alles ein großes Mißverständnis. «Auflösen», murmelte Willi. Er wollte es nicht nur denken, sondern spüren, wie es sich anhört. Sie mußten ihre Gruppe auflösen. Es war höchste Zeit, ehrlich zu sein. Sonny und Zacharias waren schon seit Tagen verschollen, und keiner dachte an sie. Was war denn, wenn sie einen Unfall gehabt hatten, wenn sie in einem Krankenhaus am Tropf hingen, auf einer Intensivstation von Maschinen am Leben gehalten wurden? Warum kümmerten sie sich nicht umeinander? Es gab nur eins, was Willi irritierte. KaDe hatte ihnen keine Vorwürfe gemacht. Er war nicht verbittert gewesen. Und er mußte die Wahrheit geschrieben haben. Wer lügt im letzten Brief seines Lebens? Willi sah Maritas Gesicht vor sich. Sie waren ehrlicher zueinander gewesen als die meisten Ehepaare. Was hatte es ihnen gebracht? Marita lebte ihr eigenes Leben, und Willi vergrub sich in seine Arbeit.

«Wahnsinn!» rief Alexander und stieß Willi den Ellbogen in die Seite. «Seht euch das an! Seht euch das an! Und denkt daran, wenn ihr das nächste Mal am Berg absteigen wollt! Wahnsinn!» Und dann rief er ekstatisch: «Ullrich! Ullrich!»

Augenblicklich konterten die Italiener: «Pan-ta-ni! Pan-ta-ni!»

Und Virenque war ganz allein.

«Er läßt Pantani nicht gewinnen», rief Blumencron. «Virenque hat nicht den Stil von Ullrich. Ullrich würde ihn gewinnen lassen.»

Blumencron hatte Milchschaum an der Oberlippe, Willi konnte den Blick nicht abwenden. Aufgelöster hatte er Blumencron noch nie gesehen. Cappuccinoschaum! Geriet denn jetzt alles außer Rand und Band?

«Gleich sieht er sie», rief Nicoletta. «Er muß sie sehen. Dann saugt er sich an sie ran. Das ist Psychologie. Gleich sieht er sie.»

An diesem Tag sah Ullrich seine Gegner erst hinter dem Ziel. 150 Meter vor dem Strich machte Virenque Ernst. Leicht und locker ließ er Pantani stehen und gewann die Etappe. Ullrich kam 58 Sekunden nach dem Sieger ins Ziel. Riis wurde nur Fünfter. An diesem Tag mußten 22 Fahrer die Tour aufgeben. Virenque übernahm das gelbe Trikot. Bei der Siegerehrung hörte er nicht mehr auf, die beiden Hostessen zu küssen. Ullrich war Gesamtzweiter. Nach Henn und Lombardi hatten auch Totschnigg und Heppner aufgegeben. Totschnigg war in den Massenunfall verwickelt, Heppner klagte über Herzschmerzen und war in eine Klinik eingeliefert worden. Verdacht: Herzmuskelentzündung.

Der Straßenradsport gehört zu den Disziplinen mit dem höchsten Krafteinsatz. Es kommt darauf an, eine optimale Verbindung zwischen Ausdauer und Kraft zu erzielen – Eigenschaften, die im Grunde gegensätzlich sind. Ein Radsportler besitzt die Fähigkeit, submaximale Bewegungswiderstände über eine maximale Zeitdauer ohne Ermüdung zu überwinden. Das kann er nur, wenn er die für die Eigenschaften Kraft und Ausdauer geeigneten Muskelfasern trainiert. Die roten, langsamen Ausdauerfasern sind am besten für den Ausdauerstoffwechsel geeignet. Sie ermüden kaum, besitzen aber nur eine geringe Krafteigenschaft. Dafür geeignet sind die weißen Schnellkraftfasern.

Wenn im Training die Kraft im Vordergrund steht, sollte die darauf folgende erste Mahlzeit sehr eiweißhaltig sein. Beim Training der Ausdauer soll der Fettstoffwechsel trainiert werden, notwendig ist hier eine Gewichtsabnahme.

In der zweiten Etappe der Vorbereitungsperiode und auch während des Wettkampfes steht eine vollwertige, kohlenhydratreiche Ernährung mit ausreichend biologisch hochwertigem Eiweiß im Mittelpunkt.

Bei Etappenrennen verbrennt ein Radfahrer 8000 Kalorien am Tag, an Spitzentagen bis zu 10000 Kalorien. Während einer normalen Etappe von fünf bis sieben Stunden Dauer trinken die Fahrer bis zu 12 Liter Flüssigkeit. Diese Mengen können nicht allein während der Fahrt aufgenommen werden. Deshalb kommt dem Frühstück besondere Bedeutung zu.

23

Tilo stieß Willi in die Seite und sagte: «Wer war gleich noch mal dieses weiße Laken da rechts?»

«Halt dich zurück», wollte Nicoletta eigentlich sagen. Doch sie mußte sich erst räuspern, um zur Artikulation fähig zu sein. «Halt dich zurück», sagte sie dann nur noch pro forma. Die anderen grinsten bereits boshaft.

«Du siehst grausam aus», sagte Tilo. «Ich sage dir das in aller Freundschaft. Heute allerhöchstens zwei Zweitausender, okay?»

Sie saßen in der Küche, die viel zu klein für so viele Personen war. Aber keinen zog es nach draußen. Sie wußten, daß sie heute noch genügend frische Luft abbekommen würden. Und Hitze. Bis auf Kevin litten alle unter dem Wein. Er war exzellent gewesen, aber sie hatten elf Flaschen geköpft.

«Auf, auf», rief Tilo, «die Morgengymnastik ruft.»

Nicoletta zeigte ihm, was sie unter Gymnastik verstand: das Auflösen von zwei Aspirin in Wasser.

Alexander kam herein. Als er die dünnen Streifen verteilte, verstummte das Gespräch. Alexander hatte einer Bewohnerin des Vorderhauses eine schwarze Bluse abgeschwatzt und aus ihr den Trauerflor herausgeschnitten.

«Nimm das sofort ab», sagte Nicoletta scharf.

«Aber wieso denn?» fragte Kevin und war gleich wieder kurz vor dem Heulen.

«Trauerflor trägt man um den Arm oder an der Brust, aber nicht als Stirnband, du unverschämter Bengel.»

«Papa, weißt du, wie Nicoletta mich genannt hat?»

«Nein, natürlich nicht. Ich bin ja bekanntlich stocktaub. Wie hat sie dich denn genannt, mein kleiner Liebling?»

Türenknallend ging Kevin ab. Mit einem schrillen Piepsen verabschiedete sich die Gaggia. «Laß Geld hier», sagte Tilo zu Willi.

«Wieso ich? Wieso immer ich, wenn es um Geld geht? Du verdienst mehr als ich.»

«Aber ich gebe es lieber für schöne Dinge aus», sagte Tilo zuckersüß. «Frauen, Weltreisen, renditestarke Aktien.»

«Leck mich doch», sagte Willi mürrisch.

Nicoletta rannte aufs Klo, Blumencron verlangte es nach einer eiskalten Dusche.

«Wie wollen wir's machen?» fragte Willi, als sie wieder vollständig waren.

Nicoletta sagte: «Ich halte die Totenwache.»

«So ein Quatsch!» sagte Alexander. «Wir brauchen jeden Mann. Beziehungsweise Frau. Beziehungsweise was du bist.»

«Ich erweise KaDe die letzte Ehre.»

«Hast du nicht gelesen, was er sich wünscht?»

«Das könnt ihr machen. Ich bleibe hier.»

«Weil du einen Kater hast.»

«Weil ich weiß, was sich gehört.»

Es war nichts zu machen, Nicoletta blieb standhaft.

Tilo sagte: «Ich fahre mit Istvan.» Er wollte unterwegs in den Citroen der *dpa* steigen und dem Troß auf der Spur bleiben. «So erfahren wir es, falls sich irgend etwas auf der Strecke tut. Das wird dann sofort im Funk durchgegeben.»

«Gut», sagte Willi. «Du hast ein Handy dabei. Ich habe auch eins. Ich stehe am Galibier. Wer kommt mit?»

Blumencron meldete sich.

«Und was ist mit Siegfried und Roy?»

«Was soll sein?» sagte Tilo. «Wenn die ihre Vorbereitungen immer noch nicht abgeschlossen haben, wird das nichts mehr. Wir wissen, daß der Anschlag nicht von ihnen persönlich durchgeführt wird. Ich wette, die beiden versehen heute Dienst nach Vorschrift und achten darauf, von 50 Kameras abgelichtet zu werden. Bombiger kann ein Alibi nicht sein.»

«Du meinst also, wir sollen die beiden ignorieren, obwohl sie das einzige sind, was wir haben?»

«Genau das meine ich. Und außerdem meine ich, daß es Nonsens ist, sich am Galibier aufzustellen. Da stehen 20000 Leute, das sind alles unsere Helfer, sie wissen es nur nicht. Dann müssen wir nicht auch noch da sein.»

«Was schlägst du vor?»

Tilo ging zur Tür und forderte die anderen auf mitzukommen. Unwillig schlurfte die Gesellschaft nach draußen. An der Längswand der Gerümpelscheune stand ein Rad oder Moped, es war abgedeckt. Tilo zog mit großer Geste die Plane ab und sagte: «Voilà.» Staunend betrachteten sie das Motorrad. Eine BMW, schwarz und stark und blitzblank gewienert.

«Schön», sagte Willi. «Die Kellner fahren also Motorrad. Was hat das mit uns zu tun?»

Tilo verschwand in der Scheune und kam mit einem größeren Gegenstand zurück. Eine Kamera. Er setzte sich auf die

BMW, wuchtete die Kamera auf die Schulter und blickte durch den Sucher. «Na?» sagte er. «Fällt der Groschen?»

Tilo war nicht so geizig, wie Willi ihm vorgeworfen hatte. Er hatte einige Scheine springen lassen. Dafür war in der Nacht ein Motorrad aus dem Fuhrpark der Kameraleute angeliefert worden. Samt Kamera.

«Das ist der Übergang vom Amateurdetektiv zum Profi», sagte Tilo. «Damit sind wir im Endkampf dabei. Es gibt nur eine Chance, an Ullrich heranzukommen und – vor allem – auch beliebig lange an ihm dranzubleiben. Ein Auto ist zu schwerfällig. Ein Hubschrauber zu auffällig. Mit dem Rad ist es illusorisch. Bleibt dies Maschinchen hier.»

Souverän abwinkend sammelte Tilo Lob ein.

«Feine Sache», sagte Willi. «Aber natürlich gibt es einen Haken: Wer soll das Motorrad fahren?»

Alexander besaß einen Motorradführerschein, Paula besaß einen, Blumencron auch.

«Gut», sagte Willi. «Aber wir kennen die Spielregeln nicht. Wie verhält man sich? Wann werden die anderen Motorradteams sich wundern, wer da bei ihnen rumfährt?»

Tilo gierte seinem nächsten Auftritt entgegen. Er trat an die Scheunentür, sagte: «Tilo Enterprises proudly presents Monsieur Jacques Derrida. Applaus! Applaus!»

Von Tilo mit Klatschen begleitet, trat ein Mann in Motorradmontur aus der Scheune. Er war nicht mehr jung und keineswegs schlank und sagte in gutem Deutsch: «Hallo, Leute. Ich bin bereit. Der Hintermann braucht Kraft. So eine Kamera wird mit jeder Minute schwerer.»

Alexander traute sich das zu. Aber die anderen waren dagegen, denjenigen mit den besten Französischkenntnissen zum Schweigen zu verurteilen. Alexander sagte: «Stellt euch nicht so an. Mit Englisch kommt ihr auch sehr weit. Ich mach das. Ich bin ja überhaupt ein optischer Typ.»

«Gut. Und was machst du, wenn das Attentat passiert? Oder sich anbahnt? Zeigst du dem Attentäter dann deinen Bizeps, damit er vor Lachen nicht zum Attentat kommt?»

«Dafür bin ich da», sagte Derrida. «Wenn wirklich einer mit einer Waffe anlegt und wir sehen das rechtzeitig, bin ich an dem dran, bevor er sichs versieht.»

Willi fühlte sich unwohl. «Sie begeben sich in Gefahr.»

«Deshalb mache ich mit», sagte Derrida grinsend. Er besaß Erfahrung als Motorradpilot für das französische Fernsehen und behauptete, die meisten Fahrer zu kennen, die bei der Tour im Einsatz waren.

So entstanden neue Konstellationen. Tilo wollte mit dem jungen Reporter Istvan im Journalisten-Pkw mitfahren. Alexander spielte den Sozius und Kameraträger auf dem Motorrad. Willi, Blumencron und Kevin postierten sich an der Strecke. Nicoletta bestand darauf, die Totenwache zu halten. Und Paula? «Ich weiß nicht», sagte sie unschlüssig und schlang beide Arme um ihren Oberkörper, als würde sie trotz der morgendlichen Wärme frösteln. «Ich weiß nicht.»

«Paula, hast du uns alles gesagt, was du in Badenweiler erlebt hast?»

Sie starrte Blumencron an, als könne sie sich nicht erinnern, wovon er sprach.

«Sie haben sich immer noch nicht gemeldet», sagte Tilo.

«Ich weiß, wie das abläuft», sagte Alexander. «Sonny nimmt Zacharias bei der Hand und zeigt ihm alle Schlechtigkeiten, die es auf der Welt gibt. Zacharias himmelt Sonny dafür an, so sind beide glücklich.»

Als alles besprochen schien, warf Blumencron den Plan noch einmal um. «Ich stelle mich nicht an die Straße. Ich will sehen, was der Mißmutige tut. Der Detektiv, den die Telekom angeheuert hat.»

«Was soll das bringen?»

«Laßt es mich machen.»

«Aber was soll das bringen?»

«Laßt es mich einfach machen.»

«Nein», sagte Tilo erregt. «Du wirst doch in der Lage sein, einen Satz zur Begründung zu sagen. Einen Satz nur. Oder ist dir die Geheimnistuerei schon zur zweiten Natur geworden?»

Blumencron sagte: «Dieser Detektiv kann dreierlei sein. Entweder er ist ein Topmann. Dann kennt er Mittel und Wege, die wir alle nicht kennen, und in seinem Schlepptau kommt man an den Kern heran. Oder er ist ein Idiot. Dann wird er im Nebel herumstochern. Oder – er gehört zur Gegenseite. Dann kann er der Attentäter sein. Oder jemand, der das Attentat ermöglicht. Auf jeden Fall kommt man dann durch ihn ebenfalls an den Kern heran.»

«Nicht schlecht», sagte Nicoletta. «Er macht selten die Klappe auf. Aber dann redet er erstaunlich vernünftiges Zeug. Könnte ich mich dran gewöhnen.»

Blumencron sagte: «Soll das ein Heiratsantrag sein?»

Nicolettas verdattertes Gesicht lockerte die Stimmung beträchtlich auf.

24

Im letzten Moment hatte Paula angeboten, Tilo zum Treffpunkt mit dem jungen *dpa*-Redakteur zu fahren. Tilo genoß Paulas Gegenwart. Er mochte es, wenn Frauen niedergeschlagen waren. Ernste Gesichter waren ausdrucksstärker als lachende. Er mochte es auch nicht, wenn beim Sex gelacht wurde.

«Es war Sonny, nicht wahr?»

Ohne ihn anzusehen, sagte sie: «Ich weiß nicht, wovon du redest.»

«In Badenweiler. Sonny hat versucht, sich an dich ranzumachen.»

«Und wenn es so wäre?»

«Es tut mir leid.»

«Aber wieso? Hältst du es für unmöglich, daß ich ihn mag?»

«Er ist ein Affe. Er ist primitiv. Du hast seine Mätzchen nach zehn Minuten durchschaut.»

«Stimmt. Er ist ein Affe. Aber manchmal ist einem nicht danach zumute, mit einem Herrn Doktor oder Professor ins Bett zu steigen.»

«Mir machst du nichts vor», sagte Tilo.

«Vielleicht habe ich Lust auf dich.»

«Oh.»

«Überrascht?»

«Ja. Wie komme ich zu dieser Ehre?»

«Hast du dir redlich verdient. Du hast es nicht auf die schnelle Tour angelegt.»

«Stimmt. Ich habe nämlich Respekt vor Frauen.»

«Und was hast du sonst noch?»

Ihre rechte Hand lag auf seiner Hose. Er reagierte sofort. Paula lächelte – alles, ohne Tilo ein einziges Mal anzusehen. In Tilo raste es. Das kam total überraschend. Wunderbar, daß es passierte. Eine Belohnung für den Ritter. Es funktionierte also. Man mußte sich nicht das Hemd bis zum Nabel aufreißen und mit beiden Fäusten auf die Brust trommeln. Es war möglich, kultiviert zu vögeln, quasi mit Messer und Gabel. Tilo blickte in seinen Schoß. Bescherung für Paula. Er gönnte ihr jeden einzelnen Zentimeter.

«Wo fährst du hin?» sagte er überrascht.

«Ich bin so naß, es wird zwei Tage dauern, bis der Sitz wieder trocken ist. Soll ich bis heute abend warten?»

Tilo schluckte, nicht weil er Angst vor dem bekam, was sich jetzt anbahnte. Beim Sex machte ihm niemand etwas vor. Seine Gestaltung von Vorspiel, Hauptspiel und Nachspiel war vorbildlich, das hatten ihm 88 Prozent aller Partnerinnen bestätigt. Er hatte sich den Spaß gemacht, an einem langen Abend im Büro mit Namensliste und Taschenrechner den Zufriedenheitspegel zu errechnen.

Aber er mußte sich mit Istvan treffen. Er stand bei den Freunden im Wort, das bedeutete ihm etwas. Er hieß nicht Sonny, bei dem das Hirn im Koma lag, wenn ihm die Unterhose zu eng wurde. Fieberhaft suchte Tilo nach einem Ausweg. Er konnte sich beeilen, das wäre untypisch für ihn, frustrierend für Paula. Aber sie würde es einsehen … Unmöglich. Paula hatte einen Anspruch auf das volle Programm. Sie war kein Flittchen, über das man mal eben hinwegstieg. Paula wollte genossen werden, nur so ging es. Ganz oder gar nicht. Paula sagte: «Mach deine Hose auf.»

«Aber …»

«Tu es. Oder willst du, daß ich es während der Fahrt mache?»

Mit fliegenden Fingern zog er die Schuhe aus, dann die lange Hose und die kurze Hose. Jetzt blickte Paula herüber, zum ersten Mal. Aber sie sah Tilo nicht ins Gesicht. Sie schaute, lächelte auf eine Art, die Tilo erschütterte, blickte wieder nach vorn. Sie faßte ihn nicht an, Tilo wurde fast wahnsinnig. Wie konnte sie ausgerechnet jetzt …?

«Hoppla», sagte Paula. Sie legte den Rückwärtsgang ein, fuhr aus dem Waldweg wieder auf die Straße, Tilo war irritiert. «Wieso …?»

Sie legte einen Finger auf ihren Mund, Tilo verstummte.

«Nimm die Finger da weg», sagte Paula. «Das ist für mich. Alles.»

«O ja», sagte Tilo. Aber er wußte, daß er platzen würde, wenn es nicht gleich geschah. Paula nahm den nächsten Weg, der in den Wald führte. Es war halb zehn am Vormittag, das Radio war schon kurz nach dem Start der Königsetappe live auf Sendung.

«Heute oder nie! Auf der Königsetappe hinauf zum mörderischen Galibier erwartet die Fachwelt das entscheidende Duell zwischen den Tourfavoriten Jan Ullrich und Richard Virenque. Heute muß Ullrich angreifen, sonst könnte schon eine Vorentscheidung fallen. Bei der Verbesserung Virenques im Zeitfahren kann der deutsche Toursieger nicht damit rechnen, daß er beim letzten Zeitfahren drei oder mehr Minuten auf den französischen Bergfloh gutmacht. Zudem ist das Team Telekom nur noch ein Torso. Heute morgen kam für Teamchef Godefroot die nächste Hiobsbotschaft. Erik Zabel ist nicht mehr dabei. Der beste Sprinter der Welt wurde auf tragische Weise verletzt. In seinem Hotel wurde Zabel von einem Hund gebissen. Der Rottweiler der Hotelbesitzer fügte dem Telekom-Mann schwere Fleischverletzungen in Oberschenkel und Gesäß zu. Zabel weinte, als er heute morgen der Presse gegenübertrat. Godefroot kündigte eine Klage gegen den Hotelbesitzer an. Er nannte die Höhe des Schadens ‹siebenstellig›, genauer wollte er sich nicht äußern.

Damit geht die Pechsträhne für das in den Vorjahren so überlegen fahrende Team Telekom weiter. Nach dem Ausfall von Henn, Totschnigg, Heppner, Lombardi und nun Zabel haben die beiden Leader Ullrich und Riis nur noch zwei Rekken zur Unterstützung. Allerdings hält sich bei Ullrich hartnäckig das Gerücht von einer verschleppten Grippe. Angeblich arbeitet die medizinische Abteilung bis spät in die Nacht daran.

Ein Aperçu am Rande: Der Wirt des Hotels erstattete am frühen Morgen Anzeige gegen unbekannt. In der Nacht fiel sein Hund einem Anschlag zum Opfer. Das Tier wies keine äußeren Verletzungen auf, als es sein Besitzer heute in der Garage fand. Wie aus gutunterrichteten Kreisen verlautete, soll es daraufhin zu einer tätlichen Auseinandersetzung zwischen dem Wirt und dem Chefmechaniker des Teams Telekom gekommen sein. Näheres war in der Kürze der Zeit nicht zu erfahren.»

Als sie den Menschenwurm sahen, blieben sie beeindruckt stehen. Willi legte seinem Sohn den Arm um die Schulter und sagte: «Das ist der Unterschied zwischen Fernsehen und Wirklichkeit.»

«Wahnsinn», sagte Kevin. «Wie viele Menschen mögen das sein? Was wollen die alle schon hier? Das Feld kommt doch frühestens in vier oder fünf Stunden.»

Willi hätte sich gefreut, wenn Kevin gezeigt hätte, daß ihm die Nähe seines Vaters bewußt war und daß er sie genoß. Aber Kevin sagte nur: «Und das kann KaDe alles nicht mehr sehen.»

Jede Tour de France ist rund 4000 Kilometer lang, und auf die Zuschauer prasseln in drei Wochen viele Reize ein. Bei jeder Tour wird Geschichte geschrieben, meistens in den Bergen. Was hier im Duell der Fahrer gegen die Steigungen und gegen die Konkurrenten geschieht, bleibt bestehen, geht nicht in der Reizüberflutung des Alltags unter. Die Anhänger des Straßenradsports besitzen eine feine Antenne für flüchtige Erlebnisse und historische Ritte. Diese Menschen sind keine Ergebnisfetischisten. Sie haben nicht nur Augen für die zehn Führenden. Sie bleiben an der Strecke, bis der letzte Fahrer vorbeigekommen ist. Alle wissen, daß hier die Königsklasse der Athleten unterwegs ist. An jedem Tag der Tour findet eine Huldigung statt. Hier muß jeder Sportler Farbe bekennen – oder er muß absteigen und wird dann in den Mannschaftswagen steigen. Das Ziel in Paris zu erreichen ist Ehrensache. In keiner zweiten Sportart hat der Fünfzigste oder Hundertste in der Tages- oder Gesamtwertung so große Chancen, von 10 000 Menschen bejubelt zu werden. Als wüßten die Zuschauer, was in ihren Lieblingen vorgeht: «Man muß das erlebt haben, besonders dann, wenn alle Muskeln steif sind und du dir verwundert dabei zuguckst, wie du trotzdem immer wieder trittst und trittst und trittst. Es fährt mit dir, und wenn sie dir zujubeln, breiten sie einen Teppich aus, der dich abfedert und emporhebt. Du willst sie nicht enttäuschen, sie setzen Kräfte in dir frei. Die meisten sind Experten, sie wissen viel über den Radsport, seine Geschichte, seine Bedingungen. Natürlich wollen sie, daß ein Franzose gewinnt. Aber wenn es ein Italiener ist, ein Amerikaner oder Deutscher, dann hassen sie ihn nicht.

Wir fahren für uns und unseren Rennstall, unseren Brötchengeber. Aber wir fahren auch für die Zuschauer. Wir nehmen kein einzelnes Gesicht wahr. Aber wir haben nie das Gefühl, daß da eine dumme, dumpfe Masse steht. Es ist Liebe im Spiel. Und das ist kein Kitsch, sondern die Wahrheit. Radsportler haben das beste Publikum der Welt. Es schreit nicht nur für uns, es schwitzt mit uns, es friert mit uns, es wird genauso durchgeregnet wie wir. Sie nehmen sich Urlaub für die Tour, sie opfern uns das Wertvollste, was der Mensch hat: seine Zeit. Sie stehen zwei oder drei oder vier Stunden am Straßenrand, und dann sind wir in Sekunden vorbei. Aber keiner ist enttäuscht, und keiner sagt sich: Das hätte ich im Fernsehen bequemer haben können. Es ist Liebe im Spiel.»

Paula war nackt. Sie sah wahnsinnig aus, er hatte es gewußt. Er küßte ihre Brüste, drückte sie zusammen, wollte abwärts, aber Paula zog ihn nach oben. Sie küßte ihn auf eine Weise, für die Tilo nur ein Wort einfiel: elementar. Sie ließ von ihm ab, blickte ihn mit diesem Blick an, der ihn um den Verstand brachte. Dann drehte sie sich um, nichts weiter. Im nächsten Moment hatte Tilo sie von hinten umfaßt, küßte sie in die Halsbeuge, vermaß ihre Arschbacken. Paula ging in die Knie, Tilo, hinter ihr kniend, sagte heiser: «Ich habe nichts dabei.»

«Komm endlich, du Dummkopf, oder ich verklage dich wegen unterlassener Hilfeleistung.» Tilo schloß nicht die Augen, er hatte nie begriffen, warum die meisten Leute sich das Schönste vorenthielten. Er bemerkte die Bewegung hinter sich, einen Schatten nur, das konnte alles mögliche sein. Aber es war eine Drahtschlinge, die im nächsten Moment um seinen Hals lag. Der hinter ihm riß die Enden mit einer Brutalität zu, die Tilo augenblicklich den Atem nahm. Er röchelte, griff an den Hals. Der Draht war dünn, er bekam nichts zu fassen. Aber seine Finger waren blutig, denn der Draht saß tief in der Haut, und der hinter ihm drückte so gnadenlos zu, daß Tilo nur wenige Sekunden kämpfte. Dann wurde es dunkel, er brach zusammen, lag still. Er mußte nicht mehr sehen, daß Paula schon fast wieder vollständig bekleidet war. Sie blickte nicht zu Tilo hinüber. Sie redete kein Wort mit dem Schatten. Sie blickte Tilo an, der auf dem Rücken lag. Die Erektion prächtiger als jemals zuvor.

Paula holte Tilos Hosen und Schuhe aus dem Wagen, warf alles in die Grube. Der Schatten packte Tilo an den Fußknöcheln und zog ihn zum Erdloch. Er legte den Körper neben dem Loch ab, dann gab er ihm einen Tritt, nicht gewalttätig, nur so stark, wie es nötig war.

Als Paula den Wagen wendete, sah sie, wie der Schatten die erste Schaufel mit Erde in die Grube warf.

25

Er fühlte sich gut. Der Körper war sein Freund. Eins griff ins andere. Sein Herz war 1300 Milliliter groß, 17 Milliliter für jedes Kilo Körpergewicht. Ideale Werte. Ein untrainiertes Herz mißt maximal 750 Milliliter. Aber ein untrainiertes Herz schlägt 70mal in der Minute – im Ruhezustand. Sein Herz gab sich mit 35 Schlägen zufrieden. Die Höchstfrequenz lag bei 200, seine besten

Konkurrenten brachten es auf maximal 190. Die scheinbar geringe Differenz macht Sieg oder Niederlage aus. Wenn der Puls bei 200 liegt, drückt das Herz 35 Liter Blut durch die Adern. Dabei fließen sie durch Lungen mit einem Volumen von sieben Litern, bedeutend mehr als bei normalen Menschen. Auf seinem Weg nimmt das Blut auf den Austauschflächen der Lungen 80 bis 85 Milliliter Sauerstoff auf, normal sind 40 – pro Minute und Kilogramm Körpergewicht. Sauerstoff und andere lebenswichtige Nährstoffe werden an den Ort transportiert, an dem sie gebraucht werden: in die Muskulatur. Bei Antritt der Etappe lagern 3000 Kalorien an Kohlenhydraten im vollen Körperspeicher. Benötigt werden bis zum Ziel 8000 und mehr. Die Differenz gleicht er so weit wie möglich während der Fahrt aus. Er schafft es, 2500 Kalorien zu ersetzen. Die restlichen 2500 Kalorien holt er sich aus der Fettsubstanz, für deren Verbrennung Sauerstoff benötigt wird, viel Sauerstoff.

Seine Muskulatur hat eine Eigenart, die sich viele Konkurrenten wünschen. Sie weist besonders viele und besonders große Brennöfen auf. Daher fällt die Energiegewinnung ergiebiger aus. Er wird später «sauer» als die Konkurrenten.

Beispiel Ergometer: Ein Mensch mit durchschnittlichem Trainingsstand tritt in vier Minuten Dauerlast 250 Watt. Er tritt 340 Watt und geht dabei keine Sauerstoffschuld ein. Wenn er Ernst macht, kommt er auf 500 Watt. Indurain konnte das, sonst niemand.

Das ist imponierend, aber es ist nichts weiter als der Rohbau. Es bedarf eines Willens, um diese Fähigkeiten zu mobilisieren. Er muß so viel trainieren wie andere und er muß sich quälen, erst recht im Rennen.

Er fühlte sich gut. Der Körper war sein Freund. Eins griff ins andere. So mußte es sein, wenn er Virenque besiegen wollte. Der machte einen guten Eindruck, lachte zu ihm hinüber. Der

Psychokrieg lief auf vollen Touren. Er griff den Lenker neu und blickte nach vorn. Die Berge waren nicht schrecklich, sie waren eine Aufgabe, und er würde diese Aufgabe lösen. Eine nach der anderen.

Als der Mißmutige Blumencron erkannte, verdoppelte sich die Zahl seiner Gesichtsfalten.

«Ich hätte nicht gedacht, daß Sie tatsächlich kommen», sagte er unfreundlich.

«Wenn ich etwas lernen kann ...», sagte Blumencron.

«Ich habe Ihnen nicht gesagt, wo ich mich heute aufhalten werde.»

«Ich habe eben richtig getippt», sagte Blumencron und machte Platz, damit die beiden Jugendlichen das Zelt betreten konnten. An den Tischen saßen mehrere junge Männer, er sah auch Mädchen.

Der Mißmutige taxierte Blumencron, aber er prallte an dessen gleichbleibender Freundlichkeit genauso ab wie alle anderen. Siegfried und Roy waren am Morgen hier gewesen und hatten ihre Einsatzbefehle für den Tag in Empfang genommen. Heute waren sie per Motorrad in der Caravane Publicitaire unterwegs, der Werbekolonne, die vor dem Fahrerfeld herfuhr. Sie hatten sich nur mit Leuten unterhalten, die einwandfrei als Mitglieder der Polizei auszumachen waren.

«Sind sauber, die Kerle», sagte der Mißmutige. Zu Beginn hatte es Blumencron gestört, daß er nicht wußte, wie der Detektiv hieß. Jetzt störte es ihn nicht mehr. «Ich bleibe hier», sagte der Detektiv. «Der Zielraum ist ein pikantes Gebiet. Da werden sie nachher alle ausgepumpt sein. Und auch ziemlich allein. Die Sieger natürlich nicht, auf die werden sich alle stürzen. Aber die anderen ... Also wenn ich eines Tages auf den Gedanken kommen sollte, mein Geld mit Attentaten zu verdienen, ich würde hier angreifen.»

Die Kolonne wollte kein Ende nehmen. Die Zuschauer begriffen das Ganze als willkommene Abwechslung, die Stimmung war gut. Appetitliche und nützliche Wurfgeschosse flogen in die Menge. «Gebt uns Wasser!» rief ein Mann mit nacktem Oberkörper. Die Sonne brannte erbarmungslos, in dieser Höhe war ihre Wirkung nicht zu unterschätzen. Willi warf einen scheelen Blick auf seine Arme. Zu rot, um gesund zu sein. Die meisten Zuschauer trugen Hüte und Mützen oder hatten sich aus Tüchern Turbane gebastelt. Die Campingsippen an der Strecke hatten Sonnenschirme in den Boden gepflanzt und genossen ihren Heimvorteil. Willi wunderte sich, wie friedlich diese Menge war. Wenn er mit Kevin einmal im Jahr zum Gastspiel der Bayern ins Hamburger Volksparkstadion fuhr, war um sie herum die Luft von Aggressivität gesättigt. Es knallte nicht oft, aber die Stimmung war so, daß Willi noch auf dem Rückmarsch zum Parkplatz spürte, wie angespannt er war. Irgendwann bemerkte er, daß Kevin verschwunden war. Er nahm es kaum wahr, er dachte an KaDe. Natürlich machte er sich Vorwürfe, daß er so blind gewesen war. Aber KaDe hatte das Recht gehabt, so zu handeln. Er bewunderte seinen Mut. Und noch kurz vor dem Tod hatte er sich Gedanken um die Freunde gemacht. Willi war nicht sicher, ob er dazu fähig gewesen wäre.

«Pardon.» Der schwitzende Halbnackte lachte ihn an, rief etwas auf französisch, Willi wich hinter den Menschenwurm zurück, der an der Straße stand.

Die Lautsprecherwagen informierten über den Stand der Etappe. Willi interessierte sich nicht dafür. Er freute sich auf den Moment, in dem das Feld den Galibier heraufkommen würde. Er freute sich über den Frieden, der über der Szenerie lag. So wohl hatte er sich noch nie unter so vielen Menschen gefühlt. Vielleicht lag es an den Franzosen, vielleicht waren die Deutschen tatsächlich ein gewalttätiges Volk, jedenfalls ein mißgünstiges, neidisches, verschlossenes Volk. Es konnte kein Zufall sein, daß die größten und schönsten Radrundfahrten in romanischen Ländern stattfanden. Es lag auch am Wetter dort, natürlich, aber das war nicht die ganze Erklärung. Deutschland hatte es nie zu einer großen Radrundfahrt gebracht, nicht einmal zu bedeutenden Eintagsrennen. Und daran hatten ausnahmsweise einmal nicht die Nazis schuld. Sie hatten keine Tradition zerbrochen oder deren Entstehung verhindert. Deutschland konnte mit dem Radsport einfach nichts anfangen, es hatte immer Weltklassefahrer hervorgebracht, aber nie war der Radsport zu einer Sache des Volkes geworden. Jetzt versuchten sie in Deutschland nach Ullrichs und Zabels Erfolgen in aller Eile Radsport-Events aus dem Boden zu stampfen. Das lief alles über Geld und Werbung und Sponsoring, war nichts anderes als eine Neuauflage des Tennisbooms vor 15 Jahren. Beim Radsport würde es nicht klappen. Seine Wurzeln ruhten zu sehr im Proletariat und bei den Kleinbürgern, er eignete sich schlecht als Hobby aufstrebender Mittelschichten, die händeringend nach Symbolen suchten, um sich von weniger gut betuchten Bürgern absetzen zu können. Zelte am Rand der Rennstrecke, in denen sie Champagner soffen und Hummer fraßen, das würde es nicht geben. Und wenn doch, dann höchstens in Deutschland, wo sie nicht wußten, welch wertvolle Tradition sie mit ihrer naßforschen Koofmich-Art mißhandelten.

Willi fühlte sich hier wohl. Wer dermaßen den Radsport liebte, verstand es auch sonst, zu leben und zu genießen. Seit 20 Jahren träumte er von einem Häuschen in den Vogesen. Preiswert, dicht an Deutschland, relativ zentral. Ohne Verluste wieder abzustoßen. Marita hatte sich nie damit anfreunden können. Noch 800 Kilometer weiter entfernt von ihrer Heimat. Willi beneidete die Männer, die eine Französin geheiratet hatten. Oder eine Frau, die nicht querschoß, wenn der Mann ihr drucksend einen seiner größten Träume gestand. Du mußt rücksichtsloser werden, dachte er. Du warst immer zu höflich. Du hast gar nicht mehr gewußt, was deine Träume waren. Ein Haus in den Vogesen ist nicht zuviel verlangt. Kein bißchen überspannt. Du bist ein Realist, du bleibst ein Realist. Aber Realisten sind so schrecklich langweilig. Trau dich, sei egoistisch. Du hast nur ein Leben. In fünf Jahren ist Kevin aus dem Haus, dann hat er nichts mehr von einem Sommerwohnsitz. Wir könnten zusammen trainieren. Didi Thurau trainiert auch gemeinsam mit seinem Sohn. Kevin kommt in die Pubertät, er wird sich von dir lösen. Das ist normal. Aber wenn wir gemeinsam radfahren, sprechen wir eine gemeinsame Sprache. Das verbindet. Ich will nicht, daß er mich allein läßt. Wenn Kinder sich selbständig machen, bist du alt. Dann kannst du dir nichts mehr vormachen, dann ist die Uhr abgelaufen. Es ist so schön hier, du mußt die Firma in den Griff kriegen und dann delegieren. Und danach zweimal im Jahr acht Wochen raus aus der Mühle. Oder im Sommer vier Wochen und im Winter länger. Flexibel bleiben. Die anderen sind wichtig, Marita ist die Frau deines Lebens. Aber du existierst auch. Du hast es dir verdient. Mach es! Mach es jetzt! Sag es keinem, mach es einfach! Stell sie vor vollendete Tatsachen, auch Marita. Kevin wird es toll finden. Befrei dich. Sie werden keine Straße nach dir benennen, auch wenn du Dutzende gebaut hast. Fang endlich an, dich zu verwöhnen. Du liebst dieses Land doch. Wer solchen Wein anbaut und Käse futtert, ist weiter als wir Heringfresser und Kornsäufer da oben im kalten Norden. Alles sture Hunde, unfähig, herzlich zu sein. Nachtragend und eingeschnappt. Und häßlich, vor allem häßlich!

Gierig saugte Willi den Anblick der vielen fremden Menschen ein. Er fand keinen einzigen, der schlecht gelaunt war. Hier lachten selbst die Hunde, die Kleinkinder waren flink und juchzten. Er wußte, daß nicht jeder Tag ein Sonntag war. Aber ihm war nach Schwelgen zumute, und er hatte niemanden an seiner Seite, der ihm mit seiner Nüchternheit auf den Wecker fallen könnte. Auch sein Sohn ließ sich nicht mehr blicken.

26

Sie sah toll aus. Die Haare kurz, der Rock kurz, die Augen frech und die Ohren zum Anbeißen. Links trug sie ein Fußkettchen, das war das Tollste. Er wußte nicht, was ihn daran so anmachte. Aber Fußkettchen waren Spitze. Natürlich nur, wenn das Bein Spitze war. Sie hatte eine Freundin dabei, die sah aus wie ein Sack Kartoffeln. Vielleicht besaß sie innere Werte. Aber wen interessierten innere Werte, wenn er Augen im Kopf hatte? Ständig rannten sie zwischen einem Imbißstand und der Straße hin und her. Wie aufgedreht. Es war toll, ihnen beim Laufen zuzusehen. An der Häßlichen schwabbelte alles. An der Schönen schwankte es, aber nicht sehr. Ihr Busen war klein, sie trug keinen BH. Eltern waren offensichtlich nicht dabei. Das war günstig. Kevin unternahm den entscheidenden Schritt.

Fünf Minuten später konnte er sich nicht mehr daran erinnern, was ihn jemals davon abgehalten hatte, Martine anzusprechen. Sie war so niedlich. Und so jung, erst zwölf. Er hätte ihr größerer Bruder sein können. Sie lachte ihn an und machte sich nicht über sein Französisch lustig. Zwei-, dreimal verbesserte sie ihn, aber freundlich, nicht wie ein Lehrer. Der Kartoffelsack hieß Aurore, aber als sie sah, daß sie abgemeldet war, trollte sie sich. Wahrscheinlich würde sie sich jetzt irgendwo vollfressen. Martine nahm Kevin an der Hand und zeigte ihm die vielen Stände, an denen man etwas zu essen und zu trinken kaufen konnte. Und Souvenirs. Kevin hatte nicht gewußt, wie viele Klamotten, Wimpel, Kissen und Kartenspiele es gab, die sich ums Radfahren drehten. Das gab es in Deutschland nicht.

Erst spendierte er Martine Crêpes und dann Cola. Danach

fand sie ihn noch toller. Er sie aber auch. Als er ihr sagte, daß er selbst Sportler war, wollte sie es nicht glauben. Er zog sie mit sich durchs Gewühl. Als sie sein Rad sah, war sie überzeugt. Allerdings verlangte sie von ihm, daß er das Schloß entfernte, weil sie ihm sonst nicht geglaubt hätte. Kevin war glücklich. Gestern war der arme KaDe gestorben, und heute traf er Martine. So war das Leben.

Martine und Kevin zogen herum. Noch eine Stunde bis zur Ankunft der Fahrer. War Ullrich vorn? Kevin bekam das nicht richtig mit, aber er mußte unbedingt Martine zuhören. Dafür würde Jan Verständnis haben. Er war auch einmal jung gewesen. Jetzt war er ja verheiratet und brauchte keine Frauen mehr anzugucken.

«Guck mal!» rief Martine plötzlich. «Da sind sie wieder. Die beiden Affen in Uniform!» An der Straße Gelächter, zwei Männer, die wie Polizisten aussahen, machten Sperenzchen, sie zogen Grimassen und taten so, als seien sie zu ungeschickt, die Maschinen zu lenken. Die Zuschauer lachten und riefen. Kevin, erst verdutzt, dann wie erstarrt, blickte die lachende Martine an. Er dachte an den armen KaDe und blickte in das lachende Gesicht. Plötzlich kapierte er, wie grausam das Leben sein konnte, und er wußte, daß sich daran nichts ändern würde, wenn die Menschen alles immer weiter so hinnahmen.

«Halt», rief Kevin und drängte sich in die erste Zuschauerreihe. «Warten Sie doch!»

Die beiden Männer ignorierten ihn, aber Kevin sprang auf die Straße, stellte sich vor die erste Maschine und griff, als der Mann einfach nicht anhielt, mit beiden Händen in den Lenker. Jetzt stoppte er, holte mit einem Arm aus und rief Kevin etwas Unfreundliches auf französisch zu. «Ich muß Ihnen doch etwas Wichtiges sagen!» rief der verzweifelt. «Es geht um Leben und Tod. Sie müssen mir zuhören.»

Die beiden sahen ihn aufmerksam an, die Zuschauer merkten, daß etwas Ungewöhnliches geschah. «Jan», sagte Kevin, «Jan Ullrich. Sie dürfen ihm nichts tun.»

Die beiden Männer blickten sich an. Dann sagte der Größere auf deutsch: «Darüber willst du reden?» Kevin nickte eifrig, der Mann sagte: «Hundert Meter da vorne. An dem Haus, da fahren wir raus.»

Martine verstand nicht, was vorging. «Ich muß da hin», sagte Kevin. Er fand sie so toll, aber das andere war jetzt wichtiger. Tod oder Leben.

Es ging viel zu langsam vorwärts. Die vielen Menschen! Und nicht jeder machte schnell genug Platz. Dann sah er das Haus. Aber nicht die Fahrer. Kevin stutzte. Er ging nach links, konnte in den Innenhof gucken. Da standen die Motorräder. Aber nur ein Fahrer. Kevin eilte zu ihm. «Ich kann auch französisch sprechen», sagte er eifrig. Aber der andere sagte: «Es geht schon. Was willst du?»

Es brach aus Kevin heraus. Er war wie von Sinnen, weil ihm plötzlich klar wurde, wo die Lösung lag. Man mußte miteinander sprechen. So wie er mit Martine gesprochen hatte. Die anderen waren doch keine Teufel. Sie waren Polizisten oder Freunde der Polizisten. Wenn sie erkennen würden, wie viele Leute Bescheid wußten, würden sie dafür sorgen, daß Jan in Sicherheit war. Kevin war bestürzt, daß er die Lösung erst so spät gefunden hatte. Die Zeit war knapp. Er durfte nicht anfangen zu stottern. Er mußte es dem Mann gleich zu Anfang klarmachen. Er konnte dafür sorgen, daß Ullrich nichts geschah. Kevin redete wie um sein Leben. Zwischendurch überfiel ihn Panik: Er redete zu schnell, aber der Fahrer verstand ihn nicht. Er zwang sich, langsamer zu werden, redete nun aber gedrechselt und hoch kompliziert. Er schwitzte vor Erregung. «Wir wissen alle Bescheid und haben es allen gesagt. Sie dürfen ihm nichts tun. Wenn ihm einer was tut, wird der sofort verhaftet. Das ist doch klar. Die vielen Menschen! Und das

Fernsehen! Das müssen Sie doch einsehen. Sie dürfen ihm nichts tun. Das ist doch klar. Das begreifen Sie doch?!» Warum guckte der Mann ihn so an? Kevin holte erneut aus, aber da kam Leben in den Mann: «So sieht das also aus.» Kevin nickte. Es würde alles gut werden. «Aber Sie müssen schnell Ihren Partnern Bescheid sagen», rief er. «In einer Stunde kommen die Fahrer. Das beste ist, wenn keiner merkt, daß überhaupt etwas geplant war. Es ist doch Sport. Es muß doch fair sein. Das meinen Sie doch auch, nicht wahr? Bitte!»

Der andere sah ihn durch seine verspiegelte Sonnenbrille lange an. Dann sagte er: «Es ist eilig, da hast du recht. Ich gehe telefonieren.»

Kevin wurde schwindlig vor Glück.

«Das Telefon steht drinnen», sagte der Mann. «Willst du nicht mitkommen? Falls es noch Fragen gibt.»

Alles war gut, Jan war in Sicherheit. Kevin steuerte auf die rückwärtige Haustür zu.

«Nicht da», sagte der Mann. «Da!» Er legte Kevin einen starken Arm um die Schulter und dirigierte ihn zu der Tür, die in das Gerätehaus führte. Der Übergang von gleißendem Sonnenlicht in Dämmerlicht. Das erste, was Kevin im Hintergrund zu erkennen glaubte, war ein Widerschein. Wie Licht, das sich auf einer verspiegelten Sonnenbrille fängt.

27

«Darauf kannst du dir etwas einbilden», sagte Nicoletta und streichelte seine Wange. «Ich gehe mit meiner Zuneigung sehr sparsam um, das kannst du mir glauben. Du gehörst einem unglaublich miesen Geschlecht an. Natürlich sind nicht alle gleich, du zum Beispiel bist nicht so. Aber es gibt Exemplare, ich kann dir sagen ... An denen sind alle Kulturleistungen der letzten 2000 Jahre spurlos vorbeigegangen. Geil, dreist und dumm. Meistens in Tateinheit mit Geiz und Körpergeruch. Männer! Suchen sich gern arglose Frauen aus. Wenn sie zum Ziel kommen wollen, reißen sie sich unheimlich zusammen. Dann sind sie so nett wie vorher und hinterher nie wieder. Lassen kein Klischee aus. Kerzen müssen brennen für den Sieg im Geschlechterkampf. Schweinepriester. Dir kann ich's sagen. Du nimmst mir das nicht übel. Gib solchen Kerlen nur die Hand, und du gehst schon unter dein Niveau. Ich habe ihnen mehr gegeben und zum Schluß noch das Sparbuch. Das werde ich mir nie verzeihen. So leichtgläubig darf man einfach nicht sein. Weißt du, es gibt Schrecken, von denen erholst du dich. Und es gibt die anderen Schrecken, die verändern dich für den Rest deines Lebens. Er hat mir meine Zutraulichkeit geraubt, mein Urvertrauen. Und erzähl mir nicht, daß ich zu mißtrauisch bin. Alles Vorsicht, gesunde Skepsis, ich bin erwachsen geworden. Nein, ich bin nicht dabei einzustauben. Es geht auch ohne. Zur Not lege ich selbst Hand an. Aber es geht auch ohne. Man muß sich nicht verrückt machen. Es gibt auch andere Interessen. Und du mußt dich verwöhnen, mit Mode zum Beispiel. Aber mit einer Mode, die zu mir paßt. Konfektionsgröße 34 kannst du nicht von jedem Hersteller tragen, beim besten Willen nicht. Bei Konfektionsgrö...»

Die Erkenntnis traf sie wie ein Schlag. Roscoe! Sie hatte Roscoe gesehen. Der Mann an den Serpentinen, der Pferdeschwanz, mit dem Siegfried und Roy unterwegs waren. Roscoe, der Mann, der Männermode Beine macht. Der Newcomer aus Berlin, der in vier Jahren die Modewelt und einige Dutzend schöne Lover erobert hatte, bevor er sich mit einer Beteiligung in den Vereinigten Staaten verhoben hatte. Seitdem munkelte man in den Medien von Depressionen und Übernahmeangeboten. Roscoe war bis über den schönen Pferdeschwanz verschuldet. Und nun plante ein gewisser X ein Attentat auf Jan Ullrich und unternahm mit zwei Männern, die am Anschlag beteiligt waren oder von ihm wußten, einen Trip auf den Galibier.

«Ortsbesichtigung», murmelte Nicoletta. «Die Geier sind schon vor dem Kadaver da.» Jetzt fügte sich alles zusammen. Das gestrige Besäufnis zu Ehren von KaDe in Briançon. Der Tisch hinter den Indurains, der unter der Markise, die so ungewöhnlich niedrig war, daß jeder eine Bemerkung gemacht hatte. Aber unter die Markise geschaut hatte niemand, jedenfalls Nicoletta nicht. Alles war unterhalb der Wahrnehmungsschwelle abgelaufen, aber gestern hatte sie in einem Lokal mit Roscoe getafelt.

«Die Pflicht ruft», sagte sie und streichelte ein letztes Mal über KaDes Wange.

Die Tür der Kapelle fiel ins Schloß.

«Ja, Willi hier.»

«Ist das nicht Tilo?»

«Nein, mein Name ist Willi Gerstenberg. Tilo ist nicht hier.»

«Und wo steckt er?»

«Er wollte sich mit einem Journalisten treffen, um mit ihm ein Stück die Etappe mitzufahren.»

«Ach, Bullshit! Ich bin doch der Journalist. Er hat mich versetzt. Ich stehe hier seit 20 Minuten. Was soll das denn?»

Die Stimme hörte sich jung, männlich und nervtötend an. Willi fragte: «Wo stehen Sie?»

«Südlich Briançon. In einer halben Stunde wird das Peloton hier sein.»

«Tilo kommt bestimmt noch.»

«Und wenn nicht?»

«Dann komme ich. Wo genau stehen Sie?»

Der Mann, der gerade die Tische eindeckte, erinnerte sich an Nicoletta. Sie erinnerte sich daran, daß er gestern englisch und deutsch gesprochen hatte. «Monsieur Roscoe? Ja, natürlich, der logiert bei mir.» Eine Neuigkeit hatte er Nicoletta damit nicht verraten, der Protz-Daimler auf dem Hof mit der deutschen Buchstabenkombination «B-MR» hatte Nicoletta schon Sicherheit verschafft. Die Zimmernummer? Auch die bekam sie.

Allerdings sei der Monsieur aus Deutschland momentan unterwegs. Geschäfte, Geschäfte, die Mode schläft nie. Nicoletta gab sich als Verehrerin des Maestro aus, fragte nach Details seiner Geschäfte. Der Wirt mußte passen, Nicoletta lehnte einen Pastis ab. «Die Hitze, Sie verstehen?»

In der ersten Etage war ein Zimmermädchen unterwegs, im zweiten Stock nicht. Roscoes Tür am Ende des Gangs war verschlossen. Neben der Tür das Fenster, das dem Flur Licht verschaffte. Vor dem Fenster ein halbhohes Geländer und der Anbau mit dem schrägen Eternitdach. Nach hinten heraus sah Briançon so häßlich aus wie Norddeutschland. Fenster auf, Bein hoch, das Eternit war stumpf, Nicoletta fand Halt. Sie blickte nach unten. Man konnte einen Sturz überleben, aber nicht ohne Brüche. Zwei altmodische Flügelfenster, beide eingehakt. Nicoletta verhedderte sich in der Gardine, bekam einen Wutanfall.

Roscoe reiste mit teurerem Gepäck als Nicoletta. Bei ihr tat es Kunstleder, hier war es braun, wohlriechend und angenehm zu berühren. «Haben Geschmack, die Schwulis», murmelte Nicoletta. Sie fing links an und arbeitete sich nach rechts vor. Es mußte Pläne geben, Notizen, Telefonnummern, irgendwo mußte der Name Ullrich fallen. Oder ein Bezug zur Tour de France, wie harmlos auch immer.

Roscoe trug Roscoe-Hemden und rasierte sich mit einem Aufsatz auf dem Apparat wie im Hundesalon. Er benutzte Parfum, das Nicoletta nicht kannte. Sie roch dran, schloß die Augen. Schöne Männer, kultiviert, zart und hart. Teuer im Unterhalt. Garantiert untreu. So roch man nicht, damit hinterher nur ein einziger Lover seinen Rüssel an die Halsbeuge hielt.

Bücher und Mappen. Stoffproben, aus der freien Hand gezeichnete Entwürfe. Und siehe da: Zeichnungen von Frauen. Unmöglich. Nicoletta blätterte, verglich: der gleiche Zeichenstil. Roscoe bereitete eine Damenkollektion vor. Interessant, aber nicht das Thema. Weiter.

Aber weiter gab es nichts. Keine handschriftliche Notiz. Keine Telefonnummer. Kein Terminkalender, kein lausiges Stück Papier.

Dann öffnete sie den Diplomatenkoffer, der neben dem Kleiderschrank stand. Im Koffer ein Laptop. Außerdem Geräte, von denen Nicoletta gelesen zu haben glaubte, daß man sie Modem nennt. Sie ahnte, daß sie Roscoes Gedächtnis vor sich hatte. Wahrscheinlich schrieb er alles in seinen Computer. Nicoletta probierte es gar nicht erst. Dies war nicht ihre Welt.

Sie filzte den Nachttisch und schaute unters Bett. Sie war darauf gefaßt, etwas unsagbar Ordinäres und Perverses zu finden. Ihre einzige Beute war ein mächtiger Zehennagel. Sie ging noch einmal ins Badezimmer. Nichts, völlige Pleite.

Nicoletta war wütend. Für so viel Aufregung fand sie das Ergebnis deprimierend mager. Sie war nicht gewillt, es damit bewenden zu lassen.

Der Daimler stand so, daß man ihn von den meisten Zimmern der Hausrückseite sehen konnte. Nicoletta hatte nur zwei Möglichkeiten: es zu tun und es zu lassen. Sie tat es. Leder und Holz und kalter Rauch. Irgend etwas in Nicoletta brachte sie auf den Gedanken, wie es wohl sein mochte, diesen Roscoe von oben bis unten abzulecken – rein informationshalber. Ein Handschuhfach voller Pläne und Zellstofftaschentücher.

Nicoletta blätterte alle Pläne durch. Deutschland, Österreich, Schweiz, Frankreich. Kein Ort, der eingekreist war. Sie checkte die Fächer in den vorderen Türen. Eine Bedienungsanleitung für den CD-Wechsler. Zwischen den Vordersitzen eine Klappe. Sie zog und zerrte, dann sprang ein Telefon heraus. Damit kannte sie sich aus, auch mit der Taste für die Wahlwiederholung. «Roscoe-Fashion. Näherei.»

Während sie grübelte, ließ sie die linke Hand auf der Rückseite des Sitzes auf und ab gleiten. Das war's dann wohl. Roscoe war ein Technikfreak, der jeden Buchstaben in den Computer versenkte und keine Zettel herumliegen ließ. Moderne Zeiten. Sie ärgerte sich so sehr, daß sie nicht einmal auf Spurenelemente einer Spur gestoßen war. Sie hegte nicht gern einen Verdacht, Beweise waren ihr lieber. Und Ordnung. Nicoletta konnte sich an Kleinigkeiten stören, wie an Unregelmäßigkeiten auf glattem Leder. Dieser Wagen hatte eine sechsstellige Summe gekostet. Warum war dann nur Leder zweiter Wahl als Sitzbezug drin gewesen? Nicoletta kniete auf dem Beifahrersitz und betrachtete die miserable Ausstattung. Mit ihr hätte man das nicht machen können. Einmal mahnen, Termin setzen, Anwalt einschalten – das Leben konnte so schön sein, wenn man über eine Rechtsschutzversicherung verfügte.

Die Unebenheit war lang, sie beschrieb einen rechten Winkel und ... zwei rechte Winkel! Nicoletta kletterte auf die Rückbank, kratzte mit einem Fingernagel, zog einen Lederflicken von der Rückwand ab, entfernte darunter ein elastisches Stück, so groß wie das Lederteil. Und dann purzelten ihr mehrere kleine, kompakte Stücke entgegen. Sie waren in eine Art Packpapier eingeschlagen und mit breitem Tesaband verklebt. Nicoletta wog ein kleines Brikett in der Hand. Sie war nie besonders begriffsstutzig gewesen. Aber was sie da in der Hand hielt, wurde ihr wirklich erst in dem Moment bewußt, in dem rechts von ihr das Gesicht an der Scheibe auftauchte. Nicoletta stieß einen leisen Schrei aus. Ein Impuls riet ihr zu lächeln. Vielleicht war damit noch etwas abzuwenden. Aber das unbekannte Gesicht erwiderte das Lächeln nicht. Statt dessen öffneten sich gleichzeitig beide hinteren Türen. Das Gesicht saß rechts von Nicoletta, links saß Roscoe. Auf Bildern hatte sie ihn lächeln sehen. Auch im Fernsehen. Vielleicht war er scheu und zurückhaltend, das hatte man manchmal bei Prominenten. Um die Distanz zu verringern, sagte Nicoletta: «Guten Tag, Herr Roscoe.»

Der Modemacher stöhnte gequält auf und sagte: «Ich hab's gewußt.»

«Macht nichts», sagte das Gesicht. «Dann tritt Plan zwei in Kraft.»

Roscoe sagte: «Was war das gleich noch mal, Plan zwei?»

Das wäre auch Nicolettas nächste Frage gewesen. Aber sie kam nicht mehr dazu, sie zu stellen. Auch keine andere Frage.

28

«Daß ich das noch erleben darf», sagte Willi und strich ehrfürchtig über das Armaturenbrett, an dem Telefon, Diktiergerät und der Tourfunk angebracht waren.

Das war der eine Grund für Willis Rührung. Der zweite befand sich außerhalb des Wagens. «Diese vielen Menschen», sagte er. «Als wenn sie über uns zusammenschwappen würden.»

«Das ist noch gar nichts», tönte Istvan. «Warten Sie ab, wenn wir am Berg sind. Ist gleich so weit. Dann ziehen Sie den Kopf ein.»

Willi hielt Tilo für einen Idioten. Daß er sich dieses Erlebnis durch die Lappen gehen ließ. Davon wirst du deinen Enkeln erzählen. Einen Moment tat es Willi leid, daß Marita zu Hause geblieben war. Sie müßte es erleben, dann würde sie dich verstehen. Oder sie ist kein Mensch.

Der Tourfunk redete pausenlos. Willi hatte ihn sich als eine

Art Live-Reportage vorgestellt. Aber was er nun hörte, sich mühsam zusammenreimte, war neben dem Rennverlauf eine pausenlose Suada technischer Informationen. Mal sollten die Journalistenwagen schneller werden, dann war eine Motorradkamera ausgefallen, dann wurde eine Wagenbesatzung zusammengestaucht, weil sie nicht konsequent genug links fuhr.

«Was soll denn das?» fragte Willi. «Wozu links? Ist das ein Spleen auf der Tour oder was?» Wie in einem schlechten Roman erteilte ihm das Leben die Antwort. Willi spürte, wie hinter ihnen in rasender Eile ein Fahrzeug näher kam, dann gellte auch schon die Dauerhupe, Istvan riß den Wagen nach links, und ein Kombi mit einem halben Dutzend Rädern auf dem Dach bolzte vorbei. Der Abstand zwischen den Wagen betrug keinen Zentimeter mehr als zwei bis drei. Unwillkürlich rückte Willi ein Stück nach links.

Istvan sagte: «So geht's pausenlos. Die Begleitwagen mit den Sportlichen Leitern sind Teufelsfahrer. Die würden in Flensburg an einem Tag 200 Punkte einsammeln.»

«Wenn ein Fahrer eine Panne hat.»

«Zum Beispiel. Manchmal geht es auch um streng geheime Debatten. Die Sportlichen Leiter mischen bei der Renntaktik mit. Haben ja auch mehr Überblick als der Fahrer. Die erkennen viel eher, wenn es im Konkurrenzteam Aufregung gibt, weil einer am Kotzen ist oder weil einer seine dritte Panne hat. Es gibt solche Tage», sagte Istvan.

«Sie waren wohl schon oft dabei.»

«Ist meine zweite Tour», sagte er großspurig. «Der Laie macht sich ja keinen Begriff davon.»

Istvan übersetzte die Meldungen des Tourfunks. Das Feld war zersplittert, vorn fuhr eine zehn Mann starke Gruppe mit Ullrich und Bölts, aber auch mit Virenque und Zuelle. Pantani war nicht dabei. «Wußte ich», sagte Istvan. «Der kann immer nur einmal. Ein Tag Weltklasse, am nächsten Tag Kreisklasse.»

«Wer gewinnt in diesem Jahr?»

«Ullrich natürlich. Er wird sechs Jahre hintereinander gewinnen. Ich habe Wetten laufen. Wenn ich gewinne, habe ich meine Rente im Sack.»

«Aber Virenque ist auch stark. Und es wachsen jedes Jahr neue Fahrer nach.»

«So einer wie Ullrich kommt einmal in zehn Jahren. Und Virenque ist natürlich stark. Aber Ullrich hat das bessere Team.»

«In diesem Jahr nun nicht gerade.»

«Das ist Sabotage.»

«Was?»

«Das ist nicht normal, daß jeden Tag einer ausfällt. Da wird dran gedreht. Magenverstimmung! Ich bitte Sie. Die lassen nichts an die Jungs ran, was nicht taufrisch und gekühlt ist. Außerdem sind wir in Frankreich und nicht bei den Kanaken.»

«Haben Sie denn etwas gehört über Sabotage? Gerüchte?»

«Nichts Handfestes. Geht ziemlich anständig zu in diesem Gewerbe. Da, da vorne beginnt der Berg.»

Der Beginn des Anstiegs zum Galibier war mörderisch. Aus dem Flachen sofort himmelhoch aufwärts. Sie überholten verzweifelte Fahrer, die nach den ersten hundert Metern am Ende waren. «Das gibt wieder Ausfälle», sagte Istvan mitleidlos. «Wer keine Berge fahren kann, soll nicht die Tour fahren. Das ist wie in meinem Job. Wer nicht schreiben kann ...»

«Gibt es keine Möglichkeit, dichter an die Spitze heranzukommen?»

«Die schießen uns von der Straße, wenn ich versuche, zwischen die Fahrer zu kommen. Die erteilen mir Tourverbot bis zum jüngsten Tag.»

Willi versuchte, sich zu entspannen. «Hoffen wir, daß Alexander mehr Erfolg hat.»

«Das ist der nackte Wahnsinn!» schrie Alexander. «Das gab's ja überhaupt noch nie! Wahnsinn!»

Derrida drehte den Kopf: «Wenn Sie nicht gleich die Klappe halten, kippe ich Sie in den Graben.»

«Sag Alexander zu mir.»

«Gerne. Aber in den Graben kippe ich dich trotzdem.»

Sie befanden sich auf dem zweiten Kilometer des zwölf Kilometer langen Anstiegs auf den Galibier. Aus der zehnköpfigen Gruppe waren zwei Spanier herausgefallen. Die anderen belauerten sich gegenseitig. «Das sind Stehversuche», rief Derrida. «Da passiert gleich was. Junge, die Kamera. Der Technische Direktor ist hinter uns.»

Gehorsam schulterte Alexander die Kamera. Er zitterte vor Erregung. Die Straße war hier keine fünf Meter mehr breit. Die Zuschauer standen dicht an dicht. Und sie schrien! Es war ein Inferno. Alexander spürte die Begeisterung auf der Haut. Sie fuhren durch ein Spalier von dicht gedrängt stehenden Menschen. Und daran würde sich auf den nächsten zehn Kilometern nichts ändern, im Gegenteil. Auf den letzten Kilometern würden die Massen noch zunehmen. Alexander verfolgte seit vielen Jahren die großen Rundfahrten im Fernsehen. Als Lehrer war er rechtzeitig zu Hause, um den Beginn der Live-Übertragungen mitzubekommen. Er hatte die großen Etappen auf Eurosport durchgestanden. Mehr als sechs Stunden, live ab elf Uhr. Die Teufelskerle auf den Motorrädern gingen bis auf wenige Zentimeter an die Fahrer heran. Wer sich vor dem Fernsehgerät auf die Nähe einließ, fuhr die Etappen in seinem Sessel mit. Alexander wußte also, wie schmerzverzerrte Gesichter aussehen. Und er fuhr selbst Rad. Er wußte, was acht Prozent Steigung bedeuten. Ohne technischen Kasten zwischen dem eigenen Körper und der Wirklichkeit war es ein dermaßen überwältigendes Erlebnis, daß er am liebsten geheult hätte. Aber etwas war noch beeindruckender als die

Wärme auf der Haut und die tobenden Zuschauer in den Ohren. Er fuhr hinter Jan Ullrich her. Er sah Virenque zappeln, sah die stoischen Spanier und den zierlichen Kolumbianer, vielfach verpflastert und verbunden nach den Stürzen der Vortage. Acht Männer zogen den Galibier hinauf. Sie sahen kleiner aus, als er sie sich vorgestellt hatte. Er wußte, woran das lag: Das Fernsehen zog die Menschen in die Länge, man unterstellte jedem, der im Fernsehen auftrat, eine Bedeutung, die man unbewußt auf die Körpermaße übertrug. Sie waren überraschend klein, aber er erkannte alle wieder, jeden einzelnen und Ullrich zuerst. Er trug einen Ring im Ohr, er saß so ruhig auf dem Sattel wie Alexander während einer Live-Übertragung nicht in seinem TV-Lazy-Boy, den er sich mit 15 Prozent Lehrerrabatt gegönnt hatte. Er trat wie ein Uhrwerk. Aber in dieser Maschine schlug dreimal pro Sekunde ein Herz. Diese Maschine konnte lachen und fluchen und Schecks unterschreiben. Sie hatte Sommersprossen und Locken. Aber diese sommersprossige Maschine war keine Kunst im Museumsghetto, vor der man Haltung annehmen mußte. Hier waren Emotionen erlaubt, je lauter, desto besser. Dies war Sport. Radrennen fanden nicht hinter Stacheldraht statt, nicht getrennt durch meterhohe Absperrungen und Ordner, die jeden, mit dem es durchging, zurückpfiffen. Dies war ein Sport zum Anfassen, aber leider nahmen wieder einige Verrückte alles zu wörtlich. Jeder der acht kriegte aufmunternde Klapse auf den gebeugten Körper. Alexander wußte, wie sehr sie das störte. Aber sie waren wehrlos. Wer sich mit einem Fan anlegte, verlor den Anschluß und konnte die Etappe abhaken. Der Galibier war nicht der erste Berg der Tour und nicht der letzte. Aber er war der Berg, an dem Alexander sah, wie Ullrichs Beinmuskeln arbeiteten. Die Entfernung betrug maximal fünf Meter, und als Ullrich sich einige Positionen zurückfallen ließ, hätte Alexander ihn berühren können.

«Die Kamera!» rief Derrida. Gehorsam schulterte Alexander wieder die Kamera. In ihm brodelte es wie beginnender Durchfall. Aber das war es nicht, nicht heute. Heute spürte er Glück.

Derrida rief nach hinten: «Sie belauern sich, die Hunde. Gleich platzt der Knoten, ich sag's dir!»

Aber er platzte auf dem dritten Kilometer nicht und auch nicht auf dem nächsten. Nun waren es noch 6000 Meter bis zum Gipfel. Die Verfolgergruppe hatte vier Minuten Rückstand, dahinter folgten zehn Minuten Landstraße und erst dann die restlichen 100 Fahrer, die heute morgen noch angetreten waren. Riis war ausgestiegen, jetzt hatte Ullrich in den Bergen nur noch Aldag und Bölts an seiner Seite. Aber Bölts war derjenige von den acht, der schon verdächtig lange am Hinterrad des Vorletzten lutschte.

«Gleich», sagte Derrida. Bölts ließ abreißen. Der Abstand vergrößerte sich in wenigen Sekunden auf deprimierende, unüberwindliche Entfernungen.

Sieben Fahrer, noch sechs Kilometer.

Und dann!

Virenque, der eine Radlänge hinter Ullrich gefahren war, trat an, wurde so unrealistisch schnell, er mußte einen Motor am Rad haben, Zuelle blieb hinten, der Kolumbianer blickte Virenque hinterher und lachte. Er lachte. Ullrich, was tat Ullrich? Er blickte nach hinten. Alexander schlug sich an den Kopf.

Und dann trat Ullrich an. Alexander schossen Tränen in die Augen. Mit einer Kraft, die das Reifenprofil in den Asphalt drückte, trat der Telekom-Mann an. Es saß eine so ungeheure Kraft dahinter. Und obwohl kein Motor im Spiel und wegen der tobenden Zuschauer nichts von Ullrich zu hören war, hatte Alexander das sichere Gefühl, sein Favorit sei vom Geräusch stampfender Kolben und orgelnder Turbinen umgeben. Virenques größter Abstand zu den Verfolgern hatte 50 Meter betragen. Diese 50 Meter fuhr Ullrich im Stil eines Sprinters zu. Virenque blickte nicht zurück, die Zuschauer sprangen vor Begeisterung auf der Stelle. Ullrich, immer noch im Sattel, flog auf Virenque zu. Es war, als würde der sich vor dem Moment, in dem das Unausweichliche passierte, zusammenkrümmen. Da war Ullrich neben ihm, keine Sekunde, dann war er vor ihm und zog unwiderstehlich seine Bahn. Virenque gab nicht auf, sein Abstand zur Verfolgergruppe vergrößerte sich immer noch mit jedem Tritt. Aber Ullrich flog davon. Virenque blickte ihm hinterher, ein Junge sprang auf die Straße, lief neben Virenque her und entleerte eine komplette Eineinhalbliterflasche Wasser in den Nacken des Festina-Manns. Moto 1 schoß hinter Ullrich her, Moto 2 blieb bei Virenque. Alexander wußte, daß sie im Fernsehen jetzt zwischen den beiden Führenden hin und her schneiden würden.

«Fahr!» rief er. «Wir müssen an Ullrich dranbleiben!»

Alexander sah den Begleitwagen und nahm gehorsam die Kamera vors Auge. Er hatte keine Angst mehr, daß er aus dem Rennen genommen werden könnte. Sie waren zu dicht beim Spitzenreiter. Den Eklat würden sie nicht riskieren. Was wäre, wenn Ullrich aus dem Rhythmus kam, während zwei Meter hinter ihm Recht und Ordnung hergestellt werden sollten?

Der Meister fuhr den Galibier empor, als würde er sich auf einer brettflachen Piste am Meer befinden. Die Zuschauer flippten aus. Sie sahen den Besten. Heute machte er Ernst. Tagelang hatten alle Fachleute gerätselt, wann er zuschlagen würde. Heute griff er an, heute wollte er Virenque die entscheidenden Minuten abnehmen. Heute konnte sich die Tour entscheiden. Vor dieser Etappe hatte Ullrich eine Minute Rückstand auf Virenque gehabt. Wenn er ihm drei Minuten abnahm, war er durch. Ein Zeitfahren stand noch auf dem Programm, dort konnte Ullrich wieder zwei Minuten sammeln. Aber erst mußte er auf den Galibier hinauf. Noch fünf Kilometer, eine halbe Ewigkeit, genug, um zehnmal einzubrechen.

«Fahr zu, Jan!» rief er. «Virenque kann nicht mehr!»

«Halt die Klappe», sagte Derrida.

«Gib mir keine Befehle, Franzmann. Ich bezahle dich.»

«Aber ich kippe dich in den Graben.»

Und dann begann Derrida, die Trikolore zu singen! Erst glaubte Alexander, daß irgendwo ein Lautsprecher stehen müsse. Aber es war Derrida, der mit weit tragendem Tenor die Nationalhymne seines Landes herausschmetterte. Alexander spürte, wie die Menschen am Straßenrand erstarrten. Für Sekunden wurden sie leiser, Irritation, man blickte sich ratlos an. Dann stimmten die ersten in Derridas Gesang ein. «Hör endlich auf!» rief Alexander. Aber jetzt war nichts mehr zu verhindern. Im Sekundentakt kamen 50 neue Sänger dazu. Der Menschenwurm, der sich den Galibier hinaufringelte, sang die Nationalhymne. Kein Klatschen mehr, nur noch Singen.

«Das ist Sabotage!» rief Alexander. «Ihr wollt Ullrich demoralisieren!»

Ullrichs Kopf war für zwei Sekunden hochgegangen, er blickte sich um, dann trat er weiter. «Ihr schafft es nicht!» rief Alexander triumphierend. «Er ist der Beste.»

Und der Galibier sang sein Lied.

Alexander riskierte einen Blick auf den ersten Begleitwagen. Im Inneren wurde erregt debattiert. Vielleicht hatten sie nicht realisiert, daß Derrida an allem schuld war. «Singt doch!» rief Alexander. «Ihr schafft ihn nicht. Ihr schafft ihn nicht!»

Derrida lachte. Der Fahrer von Moto 1 nickte ihm zu. Alexander nahm die Kamera vors Gesicht, blickte durch den Sucher. So würde Ullrich also im Fernsehen aussehen. Hinter den Motorrädern tauchte der Telekom-Begleitwagen auf. Ullrichs

Vorsprung mußte enorm sein, sonst hätte die Rennleitung kein Überholen gestattet.

«Fahr», sagte Alexander liebevoll. «Fahr die anderen in Grund und Boden. Dafür lieben wir dich.»

Die Hymne hörte auf, und die Menschen taten nun wieder das, was ihnen am liebsten war: Sie feuerten an, liefen neben den Fahrern her, schwenkten Fahnen, klatschten, machten mit geballten Fäusten Mut.

Noch drei Kilometer bis zum Gipfel. «Ullrich hat eineinhalb Minuten», sagte Derrida. Aus dem Begleitfahrzeug heraus redete Godefroot mit dem Deutschen. Was wollte er ihm jetzt sagen? Was gab es jetzt anderes zu tun, als in den roten Bereich hineinzufahren? Wann war Taktik sinnloser als kurz vor dem Gipfel? Die Straße wurde noch schmaler, die Fahrer fuhren in einen zuckenden Tunnel hinein, auch die Motorräder. Alexander machte sich klein, es war wundervoll. Wann hatte er sich zum letzten Mal so gut gefühlt? «Sieh dir das an!» rief er Derrida zu. «Da ist der Teufel!»

Der bekannteste Verrückte der Tour sprang und reckte seinen Dreizack. Alexander lachte über die roten Hörner und den roten Schwanz. Dann rannte der Teufel neben Ullrich her. Alexander hatte das Dutzende Male im Fernsehen gesehen. Aber jetzt durchzuckte ihn der Schreck.

«Du mußt da ran!» schrie er Derrida an. «Du mußt die beiden trennen!»

«Was redest du für einen Unsinn?»

«Du mußt den Teufel abdrängen.»

«Aber wir lieben ihn.»

«Er ist der Killer! Mach endlich! Mach!»

Das Motorrad kam dem Teufel nahe. Vielleicht berührte es ihn auch sanft, denn der Teufel war dafür bekannt, daß er mit ausladenden Bein- und Armbewegungen über die Straßen wetzte. Vielleicht erschreckte sich der Teufel auch nur. Alexander sah sein Gesicht, verzerrt vom Laufen oder von Wut. Derrida stieß einen Ruf der Überraschung aus, etwas zuckte durch die Luft, Alexander wollte noch die Kamera als Schutzschild hochreißen, aber da drang der Dreizack schon in seine Brust ein. Alexander trug nur ein T-Shirt, die Spitzen mußten keinen Widerstand überwinden. Nur den der Haut. Aber wenn Eisen die Haut durchstoßen hat, gleitet es geschmeidig durch weiches Fleisch. Einige schrien auf, Derrida gab Gas, das Motorrad machte einen Sprung, Moto 1 kam ins Schlingern, Derrida riß den Lenker herum und bretterte in den Menschentunnel hinein. Nach zehn Metern überfuhr er den ersten. Derrida drückte auf die Hupe und schrie. Menschen schrien, ob aus Wut oder Überraschung. Alexander klammerte sich mit einer Hand an Derridas Leib. «Geht es?» brüllte er. Alexander antwortete nicht, aber noch hielt sein Griff. Derrida hupte und fuhr, es war sinnlos. Er mußte mit dem Tempo herunter. Er wußte, daß er zwei überfahren konnte oder drei. Aber dann würden sie ihn lynchen. Unverdrossen drückte er die Hupe. Sie wichen zurück, sie waren das so gewohnt, aber es ging quälend langsam. Alexanders Griff um seinen Leib wurde schwächer und schwächer. Derrida schwitzte, um ihn herum Chaos und lachende Begeisterung, aber er wußte, daß das, was seinen Rücken näßte, kein Schweiß war.

«Halt durch!» rief er nach hinten. «Dein Ullrich gewinnt die Tour. Hast du mich gehört? Ullrich gewinnt die Tour.»

Und dann hörte er an seinem Ohr, es klang wie Verwehtes: «Hör zu, Franzmann. Sag Jan, ich habe getan, was ich konnte. Er wird das verstehen.»

«Logisch», rief Derrida. «Logisch. Das mach ich.» Über ihm das Transparent. Noch zwei Kilometer bis zum Gipfel.

Plötzlich waren sie nicht mehr allein. Hinter ihnen ein Pkw, er hupte wie besessen. Derrida fuhr nach rechts, ließ den Pkw vor. Ein Mann wollte sich aus dem rechten Fenster lehnen.

Aber er schaffte es nicht, die vielen Menschen hätten seinen Oberkörper abgerissen.

Derrida sah, wie im Wagen vor ihm Bewegung entstand. Dann tauchte ein Körper auf der Rückbank auf, Derrida sah es durch die Heckscheibe. Im nächsten Moment sah er nichts mehr, weil Glas splitterte. Noch ein Schlag, dann brach die Scheibe heraus, der Mann auf der Rückbank schlug die Splitter mit der bloßen Hand heraus. Dann rief Willi: «Wie geht es ihm?»

Derrida rief: «Fahrt schneller. Oben ist eine Ambulanz.»

«Wie ist es passiert?»

«Er hat den Teufel erzürnt.»

29

Die letzten 1000 Meter gingen zügig, weil Absperrgitter die Zuschauer von der Straße fernhielten. Auf der Zielgerade überholte Derrida den Pkw und fuhr als erster unter brausendem Jubel über den Strich. Hinter dem Ziel viel wichtigtuerisches Gefuchtel mit den Armen, Derrida fuhr alle zur Seite, der Pkw blieb dran. Das Sanitätszelt war idiotensicher markiert, zwei Ärzten fiel die Zigarette aus dem Mund, Sanitäter rannten herbei, nahmen Derrida den Körper ab. Er hatte zum Schluß nur noch mit einer Hand gelenkt, mit der anderen den kraftlosen Körper gestützt. Als Willi den Brustkorb des Freundes sah, wandte er sich ab, schluckte mehrfach, zwang sich, tief zu atmen. Derrida stand neben ihm und rauchte eine Zigarette. Willi sagte: «Die Kamera ersetze ich Ihnen selbstverständlich.» Er hatte nicht laut genug gesprochen, um die Bemerkung des Arztes zu übertönen: «Den kriegen wir nicht mehr ins Tal runter. Jetzt oder nie.» Der andere Arzt nickte, die Sanitäter legten Alexander auf eine Trage, brachten ihn ins Zelt. Jemand schloß den Eingang, dann wurde es drinnen geschäftig.

Plötzlich brandete Jubel auf, der lange anhielt und noch anschwoll. Ullrich war im Ziel. Willi, von einem unerträglichen Bewegungsdrang erfaßt, wurde Zeuge, wie nach und nach die anderen Fahrer eintrudelten. Virenque hatte zwei Minuten und 32 Rückstand. Danach kamen zwei, die Willi gleich wieder vergaß, jedenfalls waren die Rückstände happig. Lange Zeit trafen die Fahrer solo oder zu zweit auf dem Gipfel ein. Nach dieser Etappe mußte das Gesamtklassement vollständig neu geschrieben werden. Jan Ullrich würde morgen im gelben Trikot an den Start gehen. «Das gefällt ihm», murmelte Willi. «Dafür hat sich der Aufwand gelohnt. Halt durch, Junge. Denk einfach, morgen beginnen die Ferien.»

In diesem Moment ertönte hinter ihm die Stimme: «Ich habe gewußt, daß ich dich hier finden werde.»

Sie sah elend aus. Wächsern die Haut, Ringe unter den Augen, mit den Haaren hatte sie sich keine Mühe gegeben. Aus einem bleichen Gesicht funkelten Willi heiße Augen an. Er trat auf KaDes Witwe zu, ergriff ihre Hände, drückte sie und sagte: «Es tut mir ja so leid.»

Sie entzog ihm die Hände und sagte: «Sonst hast du mir nichts zu sagen?»

Willi war verwirrt: «Wieso? Was meinst du?»

Sie rang mit sich oder den Worten. Er fragte sich, woher die Witwen immer so schnell die schwarzen Kleider bekommen. Dann sagte sie: «Du bist schuld, daß er mitgefahren ist.»

«Er wollte mitfahren.»

«Aber du hättest es besser wissen müssen. Er war dem gesundheitlich nicht gewachsen.»

«Das habe ich auch gedacht. Aber er hat immer wieder betont, daß er sich fit fühlt.»

«Hast du nicht gemerkt, daß er lügt?»

«Nein. Und ich mache mir deshalb schwere Vorwürfe, das kannst du mir glauben.»

Er unternahm einen zweiten, halbherzigen Versuch, sie zu berühren. Sie trat einfach einen Schritt nach hinten, damit war das erledigt.

«Es lag in deiner Macht. Du hast versagt.»

Willi begriff nicht. «Aber wieso? Wenn ich doch nichts ...»

«Du hattest großen Einfluß auf ihn. Er hat dich vergöttert. Ich habe das immer für übertrieben gehalten. Aber es war ja nicht zu reden mit dem Mann.»

«Martha, du bist im Moment sehr erregt. Ich verstehe das. Wollen wir beide nicht irgendwo ...?»

«Nein, ich möchte mit dir nirgendwo hingehen, und du übernimmst dann selbstverständlich die Rechnung. Das wird nie mehr passieren. Ihm hat das immer unheimlich imponiert. Ich habe ihm gesagt, damit kauft er dich nur.»

«Aber das ist nicht wahr. Ich ...»

«Er hat dir im Ernst nie etwas bedeutet. Wie könntet ihr sonst so tun, als sei nichts passiert?»

«Das tun wir nicht.»

«Und dieser lächerliche Trauerflor.»

«KaDe hat uns ausdrücklich gebeten weiterzufahren. Er hat einen Brief hinterlassen.»

«Das glaube ich dir sogar. Er hat gern kleine dumme Briefe geschrieben. Mir hat er auch einen geschrieben. Testament steht darüber. Und auf einmal erfahre ich, daß mein Mann ein Kind hat. Ein uneheliches Kind.»

Um sie herum wimmelte es von Menschen. Fahrer, Betreuer, Presseleute. Die Siegerehrungen sollten beginnen. Hinter Willi versuchten die Ärzte, Alexanders Leben zu retten. Aber er hatte nicht mehr so ausgesehen, als wäre noch Leben in ihm. Warum brachten sie ihn nicht ins Krankenhaus? Es gab doch Hubschrauber.

Dann sprach die Witwe wieder: «Wo sind die anderen? Sind einen trinken gegangen, nehme ich an.»

«Aber nein. Wir sind alle tief bestürzt. Wir können noch gar nicht begreifen, was passiert ist. Mein Sohn weint die ganze Zeit.»

«Er ist noch ein Kind.»

«Du bist ungerecht. Ich ...» Ihre Hand hatte schon länger in der Handtasche gesteckt. Willi nahm an, sie würde nach einem Taschentuch suchen. Aber ihre Suche hatte einem anderen Gegenstand gegolten.

«Martha, nein!»

«Hör auf zu flennen, Willi. Mich ekeln feige Männer an.»

«Aber wir können darüber reden. Das ist doch nicht möglich, daß du hier ...»

In diesem Moment sprang Derrida, und Willi ließ sich einfach fallen. Ein Schuß fiel, dann lagen Derrida und die Witwe am Boden. Willi nahm am Rande wahr, daß Derrida die Frau mehrfach ohrfeigte. Dann war da die panische Stimme in seinem Rücken: «Ärzte! Ist ein Arzt da? Notfall! Jemand hat auf Udo Bölts geschossen!»

Links vom Sanitätszelt saß ein Fahrer im Trikot des Teams Telekom auf dem Boden, Helfer lehnten seinen Oberkörper an den Reifen eines Trucks. Der Mann preßte beide Hände auf den Unterleib. Willis Blick hing wie festgefressen an dem Fahrer, immer wenn einer der um ihn herumwieselnden Helfer Platz ließ, konnte er sein Gesicht sehen. Ein Gesicht, das er seit Jahren aus dem Fernsehen kannte und bei dieser Tour zum ersten Mal leibhaftig erlebt hatte. «Weil du nicht getroffen wurdest», murmelte Willi vor sich hin. «Er liegt da, weil du nicht getroffen wurdest.» Ihm war kalt, und die Sonne brannte unbarmherzig vom Himmel. Willi schlang beide Arme um seinen Oberkörper. Das war der Schock, soviel wußte er vom Leben.

«Willi!»

Die Witwe stand wieder, neben ihr Derrida, der die Pistole in der Hand hielt und zwei Polizisten informierte.

«Willi, du glaubst, du bist klug. Aber du bist dumm.»

«Ja, ja», sagte er frierend. Ihm war die Frau gleichgültig. Sie war verrückt, durchgedreht. Ein Fall für Therapeuten.

«Willst du wissen, warum du dumm bist?»

«Wenn es dir wichtig ist», sagte er müde.

«O ja, das ist es. Allein schon, damit KaDe endlich kapiert, daß er sein halbes Leben lang den Falschen angeschwärmt hat. Du bist dumm, weil du nichts erkennst. Nicht einmal, wenn du dich in Gefahr befindest.»

Willi sah sie an.

«Ich habe danebengeschossen», sagte die Witwe. «Und jetzt denkst du, du bist in Sicherheit.»

Ihm ging dieses schwachsinnige Geschwätz auf die Nerven. «Was ist daran dumm?» fragte er mehr aus Höflichkeit.

Sie griff wieder in die Tasche, sie sagte: «Weil manchmal eine Kugel mehr im Spiel ist.» Dann fiel der Schuß.

30

«Votre Santé, wie der Gallier sagt!»

«Hau weg den Scheiß!»

Über dem Faß berührten sich ihre Gläser. Blumencron ließ die Zunge im Wein baden und sagte: «Wenn so das Paradies ist, werde ich auf meine alten Tage doch noch fromm.»

«Nonsens», sagte der Mißmutige, «ich glaube an nichts außer an gute Bezahlung, und mir schmeckt der Saft auch.»

Blumencron hielt seine Nase in das Glas und schlürfte mit äußerster Aufmerksamkeit. Sie saßen jetzt seit zwei Stunden in dem Weinkeller und probierten mittlerweile den fünften Wein, den es hier auch in halben Flaschen gab. Blumencron sagte: «Hätte ich nicht gedacht, daß du dich mit Wein auskennst.»

«Weil ich so eine häßliche Visage habe?»

«Unter anderem deshalb. Du redest auch viel dummes Zeug.»

«Das ist Tarnung.»

«Hoffentlich», sagte Blumencron und trank erneut. Im Gang zwischen den Fässern brannte eine einsame Birne. Auf dem Faß, an dem sie saßen, stand neben Flaschen und Gläsern ein Kerzenhalter, bei dem die Reste seit Jahren nicht mehr entfernt worden waren. Blumencron fühlte sich mordsmäßig wohl hier, meilenweit entfernt von allen Aufgeregtheiten.

«Du trinkst zu schnell», sagte der Mißmutige.

«Gut erkannt.»

«Du weißt, was man daran erkennen kann?»

Blumencron wußte das. Seit 20 Jahren. Fast so lange, wie der Kampf dauerte, den er kämpfte. Und seit genauso vielen Jahren verlor.

Blumencron sagte: «Ich bin natürlich kein Alkoholiker.»

«Logisch. Wer ist das schon?»

«Ich weiß genau, wann ich aufhören muß.»

«Laß mich raten: wenn nichts mehr da ist?»

Blumencron nickte und trank. «Schlaues Kerlchen.» Er hielt das Glas gegen das Kerzenlicht. Das schönste Rot seines Lebens. Er kannte Hunderte von schönsten Rottönen. Der Mißmutige wollte ihn dazu verführen, die angeblich sensationellen Obstbrände des Hauses zu verkosten. Aber Blumencron trank keinen Schnaps. Das überließ er den Alkoholikern.

«Wie kommst du an diesen schönen Ort?» fragte er den Mißmutigen.

«Über die Telekoms. Die verstehen zu leben. Nicht die Fahrer, die armen Schweine, die werden jeden Abend um zehn in die Heia geschickt. Aber danach beginnt das Highlife.»

«Jeden Abend?»

«Oft. Du müßtest dir nur mal den Hotelplan ansehen, dann wüßtest du, nach welchen Kriterien sie die Häuser aussuchen.»

«Wieso Hotels? Ich denke, die schlafen in ihren Wohnmobilen.»

«Da schlafen die Techniker und die Leute, die die Maschinen bewachen. Die Fahrer gehen natürlich ins Hotel.»

«Ach ja?» sagte Blumencron uninteressiert. «Das wußte ich gar nicht.»

«Ja, ja», sagte der Mißmutige eifrig und begann mit dem Suchen. Erst die Hemdtaschen, dann die vorderen Hosentaschen, danach die hinteren Hosentaschen.

«Laß doch», sagte Blumencron. «Ich glaube dir ja.»

Aber nun wollte es der Mißmutige wissen. Er stand auf, durchsuchte noch einmal alle Taschen, verschwand dann. Blumencron blickte sich um und dachte: Hier sterben dürfen, was für eine Gnade! Sich in ein Faß sinken lassen, eins werden mit dem Nektar, aufgehen in etwas Bedeutenderem als Knochen und Fleisch. Ein Traum.

Er ging zu den Fässern, legte seine Hände auf ihren hölzernen Leib. Und so verharrte er, bis an der Treppe, die nach oben führte, Bewegung entstand. «In einem ordentlichen Haushalt kommt nichts weg», sagte der Mißmutige zufrieden und las Blumencron die Hotels vor, in denen Telekom im Verlauf dieser Tour abgestiegen war und noch absteigen würde. Von jedem Hotel kannte er die Qualität von Küche und Weinkeller. Blumencron war in Gedanken bei den Fässern und ihrem Inhalt. Er wußte, daß es einen Unterschied zwischen genußvoll trinken und abhängig trinken gab. Er suchte seit 20 Jahren nach der Mitte und würde sie eines Tages finden.

«*Horizon, La Delaitre, Clown, Elsässer, Le Principe, Galibier, Lombardo, Maison et Maisonette …*»

«Halt!»

«Was? Warum?»

«Was hast du eben gesagt?»

Der Mißmutige war verwirrt. «Ich habe die Namen der Hotels vorgelesen. Einige sind natürlich keine Hotels, sondern nur Gasthöfe. Die Tour kommt ja durch Gegenden, wo es gar keine großen Hotels ...»

«Quatsch nicht», sagte Blumencron und entriß ihm das Papier.

Elsässer ... Galibier. «*Galibier.* Möchtest du mir nicht etwas zu *Galibier* sagen?»

Der Mißmutige war immer noch verwirrt. «Gern. Aber was? Ich meine, was gibt es dazu schon ...?»

«Wann steigen sie im *Galibier* ab?»

«Wann wohl? Steht doch alles auf dem Zettel. Heute natürlich. Erst rauf auf den Galibier, dann rein ins *Galibier.* Das ist genauso, wie wenn du mit einer Frau ... immer vorausgesetzt, du hast eine ... Hey, was soll das? Wo willst du hin?»

Auf der rasenden Fahrt zum Gasthof ließ sich Blumencron erklären, wie der Tagesablauf der Fahrer nach einer Etappe aussah. Die Siegerehrungen endeten, lange bevor der Letzte das Ziel erreicht hatte. Danach stiegen die Fahrer auf das Rollenrad und fuhren sich die steinharten Muskeln locker. Danach lagen sie unter den Händen des Masseurs. Danach Abendessen im Quartier, ein wenig Plaudern und Manöverkritik, bevor sich die Fahrer ins Bett verzogen. In der Regel bewohnten zwei Männer ein Doppelzimmer.

Es war nach 19 Uhr. Blumencron legte seinen Kopf an die Scheibe, genoß die Kälte. Blumencron war nicht gern dumm, ein Teil seiner Schweigsamkeit erklärte sich durch seine Abneigung, Fehler zu begehen. Jetzt hatte er einen begangen, mehrere Tage hintereinander. Er war genauso dumm gewesen wie die anderen acht. Galibier. Wie peinlich!

«Sag mal, willst du mich provozieren?» blaffte er den Mißmutigen an. «Soll ich dir zeigen, wo der vierte Gang sitzt?»

«Darf ich dich daran erinnern, daß wir beide sturzbetrunken sind?»

«Wer ist hier betrunken? Was soll das denn? Halt an! Sofort anhalten! Du sollst anhalten, sage ich.»

Es dauerte quälend lange, bis der verdammte Wagen endlich stand. Blumencron rutschte einfach nach links und drängelte den Mißmutigen hinaus. Als der Platztausch vollzogen war, ließ er den Wagen springen.

Das *Galibier* paßte in die Landschaft. Es lag am Rand von Briançon, im Norden reckte der bergige Namensvetter sein mächtiges Haupt. Der Parkplatz befand sich fest in der Hand des Team Telekom. An der Straße Kombis von Eurosport und dem Hessischen Rundfunk. Blumencron stellte den Wagen direkt vor den Eingang, sprang hinaus und rannte ins Haus. Der Mißmutige rief ihm etwas hinterher, aber wen interessierte das.

«Ullrich», stieß Blumencron am Empfang hervor. «Ich muß Ullrich sprechen.»

Die junge Frau auf der anderen Seite des Tresens lachte herzhaft. «Ach ja? Da sind Sie erst der fünfhundertste heute, der das will. Kennen Sie Giresse?»

«Nein.»

«Wollen Sie ihn sprechen?»

«Warum sollte ich? Nein!»

«Schade. Das ist mein Mann. Der hat jede Menge Termine frei.»

Seitdem er sich im Haus befand, hörte Blumencron das Klappern von Geschirr und Bestecken. Die Geräusche waren so intensiv, als würde er mitten im Restaurant stehen. Aber es spielte sich alles auf der anderen Seite der doppelten Schwingtür ab. Die Frau rief ihm etwas hinterher, aber da hatte Blumencron schon die Tür erreicht.

Es mußten 50 Menschen sein, die essend an den Tischen saßen. Vier oder fünf Kellner schafften Platten und Schüsseln heran. Auf den Tischen eine Menge Wasserflaschen, ab und zu ein Bier. Blumencron suchte instinktiv nach einem zentralen Platz, nach dem Kopf der Tafel, auf den alles ausgerichtet war. Vor allem suchte er das gelbe Trikot. Er fand weder das eine noch das andere. Doch, das gelbe Trikot fand er. Er sah es, als er davorstand. Es lag auf einem Tisch, lag dort einfach herum wie ein x-beliebiges T-Shirt. Blumencron nahm es in die Hand und strich über den Stoff.

«Legen Sie bitte das Trikot zurück», sagte jemand neben Blumencron und griff im nächsten Moment auch schon danach. Blumencron riß das Trikot an sich und sagte:

«Sein Leben ist in Gefahr.» Blumencron war aufgeregt, er redete laut. Im nächsten Moment erstarb das Klappern und Klirren. Und Blumencron schaffte es einfach nicht, ihn unter den vielen Menschen ausfindig zu machen.

«Was?» sagte der junge Mann neben Blumencron.

«Ja», sagte Blumencron eifrig, «es kann jeden Moment passieren. Die wollen ihn haben. Heute soll es passieren. Galibier, wie der Berg. Und das Hotel. Verstehen Sie? *Galibier?*»

Eine andere Hand legte sich auf Blumencrons Schulter, wollte ihn mit sanftem Druck in Richtung Tür bugsieren. «Komm, mein Freund», sagte der Mann. Er war untersetzt, aus seinen T-Shirt-Ärmeln ragten Oberarme von Schenkelstärke. Aber er ließ dem Eindringling das gelbe Trikot.

«Lassen Sie mich los», sagte Blumencron. Der andere ließ nicht los. Blumencron trat nach ihm, er wollte sich nicht wie ein dummer Junge abführen lassen. Er hörte sie schon lachen, leise die einen, laut und demütigend die anderen.

«Warum kapiert ihr das nicht?» rief er unglücklich. Blumencron wußte, daß er nicht mehr viel Zeit hatte. Er rangelte mit dem kleinen Muskelberg, aber der hätte drei von Blumencrons Statur festgehalten. Blumencron trat nach seinem Gegner, der blickte ihn mit ausdruckslosen Augen an und verpaßte ihm ansatzlos einen Schlag auf die Leber. Blumencron stöhnte auf, schlug unkoordiniert um sich. Er mußte sich aus diesem schrecklichen Griff befreien, weil er mit Ullrich reden wollte, den er jetzt erspäht hatte.

«Jan Ullrich! Sie dürfen hier nicht rumsitzen», rief Blumencron ihm zu. «Nicht wo Sie jeder sehen kann. Da kann Sie jeder töten.»

Im Raum herrschte Unruhe.

Dann begann der Muskelberg zu sprechen: «Laß es sein», sagte er. Sonst nichts. Die Kürze und Unaufgeregtheit reizte Blumencron noch mehr. Der andere war ja nicht einmal außer Atem. Er drehte Blumencrons Arm auf den Rücken und schob den sich verzweifelt Sträubenden in Richtung Tür. Blumencron hörte höhnischen Beifall.

Einen Meter vor der Tür wurden unerwartet beide Flügel von außen aufgestoßen. Die Kante eines Flügels traf den Muskelberg am Kopf. Er ging nicht k. o., aber er verlor seine Contenance und vor allem die Gewalt über Blumencron.

«Sie hier?» sagte der so überraschend Befreite. Eine Situation wie beim Show-down: Paula, wie sie die Pistole in der Hand hielt, der Ausdruck ihres Gesichts und Blumencrons Erkenntnis, woher die Gefahr drohte, wer die Gefahr war.

«Paß auf, Jan! Es ist soweit!»

Einer wollte sich ihm in den Weg stellen, den wischte er weg wie nichts.

Blumencron hatte Platz, sprang ab, flog über den Tisch, wollte Ullrich schützen. Aber die Kugel flog schneller. Blumencron wußte nicht, was auf ihn zukam. Und als sein Körper auf dem Rücken in Höhe des Herzens aufriß, starb er überrascht wie selten jemand.

Alle redeten gleichzeitig und verstanden nichts. Blumencron war, vom eigenen Schwung vorwärts getrieben, auf den Rennfahrer geprallt, hatte ihn vom Stuhl gerissen und unter sich begraben. Jetzt lag er zwischen Tisch und Wand. Seine Hände waren in das gelbe Trikot verkrampft, aber das Trikot war rot und wurde immer roter. Als sich Paula mit der Pistole in der Hand durch die Menge drängte, machten ihr alle respektvoll Platz. Paula beugte sich zu dem Toten hinunter, untersuchte seine Taschen. Gläser wurden aufgerichtet, von Essensresten verunreinigte Hosen und Hemden begutachtet. Die vier Journalisten, die im Raum anwesend waren, hämmerten bereits die Story in die Tasten ihrer Laptops. Einer kam zu Paula und dem Toten. Sie richtete sich auf und hielt ihm ein Klappmesser und eine Pistole entgegen. Die Waffe, mit der sie geschossen hatte, steckte für jedermann sichtbar in ihrem Hosenbund.

Der Journalist pfiff durch die Zähne. «Also stimmt es doch, was man gehört hat: Es war ein Attentat geplant.»

Paula sagte: «Wir sind seit einigen Tagen an ihm dran. Es war nur eine Frage der Zeit, bis er zuschlägt.»

Ein Teamkollege wandte sich an Ullrich, dessen Gesichtsfarbe langsam zurückkehrte: «Sieh dir dieses Teufelsweib an, Jan. So sehen Lebensretterinnen aus.»

Ullrich wollte etwas sagen, aber Paula ergriff seinen Arm und sagte drängend:

«Kommen Sie mit nach draußen. Ich muß Ihnen etwas zeigen.»

Ullrich wandte sich zur Tür, einige Kollegen wollten sich anschließen. «Nur er», sagte Paula, «es ist nur für ihn.»

Ullrich sah die Kameraden an und lächelte: «Sie wird mir schon nicht den Kopf abreißen.»

Sie verließen den Speiseraum.

«Ein Teufelsweib», sagte Riis.

Dann hörten sie draußen Schreie und das Reifenquietschen eines anfahrenden Autos.

Klugmann / Mathews

«Da werden endlich wieder Geschichten erzählt, die so intelligent und spannend sind, die zum Zittern und Lachen bringen. Allererste Empfehlung: die subtil anarchistischen Polizeikomödien der beiden Hamburger Norbert Klugmann & Peter Mathews.»
Lui

Beule & Co
Beule oder Wie man einen Tresor knackt. Ein Kommissar für alle Fälle. Flieg, Adler Kühn
(thriller 3101)
Die Helden des Autorenduos scheinen auf den ersten Blick wenig perfekt. Sie haben Probleme mit Frauen, mit sich selbst und mit ihrer Kondition. Eigentlich sind sie ganz selten richtige Helden ...

Die Schädiger. Tote Hilfe
Zwei Krimikomödien
(thriller 43275)
«Witzig und spannend» (*Süddeutsche Zeitung*) ist der häufigste Kommentar zu diesen etwas anderen Krimis. Zwei Geschichten um den ewigen Loser Rochus Rose und die Jungs von der alternativen Tankstelle.

Vorübergehend verstorben
Roman
320 Seiten. Gebunden
Wunderlich Verlag und als rororo thriller 43306
(April 98)
Die Männer sind alle Verbrecher, ihr Herz ist ein finsteres Loch... Die Anwältin Luise Rubato fährt lieber in die Grube, als der Moral der Männer zu erliegen.

rororo thriller

Norbert Klugmann
Treibschlag *Ein Fall für den Sportreporter*
(thriller 3238)

Zielschuß *Ein Fall für den Sportreporter*
(thriller 3241)

Doppelfehler *Ein Fall für den Sportreporter*
(thriller 3228)

Schweinebande
(thriller 3175)

«**Norbert Klugmann** legt ein wahnsinniges Tempo vor und ihm fließen mitunter Dialoge aus der Feder, gegen die hochgerühmte amerikanische Kollegen die reinsten Langweiler sind.» *Süddeutscher Rundfunk*

rororo thriller werden herausgegeben von Bernd Jost. Ein Gesamtverzeichnis der Reihe finden Sie in der *Rowohlt Revue*. Vierteljährlich neu. Kostenlos in Ihrer Buchhandlung.

3013/6

Felix Huby

Ernst Bienzle, mit Brille, Phlegma und Bauchansatz, mit einer Schwäche für Sauerbraten mit Spätzle und Soße, Kriminalkommissar und Leiter der Stuttgarter Mordkommission, verheiratet, ein Häuschen am Stadtrand ... Mit dieser Figur des schwäbischen Gemütsmenschen ist **Felix Huby**, ehemaliger Spiegel-Korrespondent, mittlerweile erfolgreicher Drehbuchautor, einer der bekanntesten deutschen Kriminalautoren geworden.

Bienzle stochert im Nebel
(thriller 42638)
Oberflächlich betrachtet tut Hauptkommissar Bienzle nichts: Er fragt ein bißchen, er redet ein bißchen und hört zu ...

Bienzle und die schöne Lau
(thriller 42705)
Einen Mörder, der sich beim Mordanschlag selbst ermordet, hat es in Bienzles Laufbahn noch nicht gegeben ...

Bienzles Mann im Untergrund
(thriller 42768)

Bienzle und das Narrenspiel
(thriller 42872)
Männer, Frauen und Kinder in den buntesten Kostümen tanzen durch die Straßen – und ein ausgebrochener Sträfling, der Rache nehmen will ...

Bienzle und der Sündenbock
Kriminalstories
(thriller 42958)

Gute Nacht, Bienzle
(thriller 43066)

3011/4

rororo thriller

Bienzle und der Biedermann
(thriller 43077)
Fleisch, dessen Verfallsdatum kurz bevorsteht, wird in die Ostländer transportiert. Man macht Profit und kassiert Subventionen ... Kein leichter Fall für Bienzle.

Ach wie gut, daß niemand weiß ...
(thriller 42446)

Der Atomkrieg in Weihersbronn
(thriller 42411)

Sein letzter Wille
(thriller 42499)
Optiker Kissling kämpft gegen die Baumafia in seiner Kleinstadt – bis er eines Morgens mit einem Genickschuß tot gefunden wird ...

Schade, daß er tot ist
(thriller 42584)
«... der beste Huby, der bisher erschienen ist.»
FAZ-Magazin

Harry Kemelman

Harry Kemelmans Held ist Rabbi in einer amerikanischen Kleinstadt: unsportlich, ziemlich kurzsichtig und ein wenig linkisch – aber im Denken am Talmud geschult. Mit kluger Beharrlichkeit, sanfter Skepsis und Unbefangenheit löst David Small seine Fälle.
«Man muß diesen Rabbi einfach lieben.» *taz*

Am Montag flog der Rabbi ab
(thriller 42304)

Am Dienstag sah der Rabbi rot
(thriller 42346)

Am Mittwoch wird der Rabbi naß
(thriller 42430)

Der Rabbi schoß am Donnerstag
(thriller 42500)
«Immer wieder gibt es wahre Kabinettstückchen an bissiger Entlarvung kleiner Neidereien unter den ehrgeizig-beschränkten Synagogen-Mitgliedern.»
Süddeutscher Rundfunk

Am Freitag schlief der Rabbi lang
(thriller 42090)
Für dieses Buch erhielt Harry Kemelman den Edgar Allan Poe Award.

Am Samstag aß der Rabbi nichts
(thriller 42125)

Am Sonntag blieb der Rabbi weg
(thriller 42291)

Eines Tages geht der Rabbi
(thriller 42720)

rororo thriller

Ein Kreuz für den Rabbi
(thriller 42860)

Ein neuer Job für den Rabbi
(thriller 43120)

Als der Rabbi die Stadt verließ
(thriller 43252)

Quiz mit Kemelman
Kriminalstories
(thriller 42172)

rororo thriller werden herausgeben von Bernd Jost. Ein Gesamtverzeichnis der Reihe finden Sie in der *Rowohlt Revue*. Vierteljährlich neu. Kostenlos in Ihrer Buchhandlung.

3012/5

-ky

«Die besten Krimis von **-ky** schildern unsere Gegenwart mit Scharfsinn, Witz und Hintergründigkeit.»
FAZ

-ky, mit richtigem Namen Dr. Horst Bosetzky, ist Professor für Soziologie in Berlin. Er gehört zu den wichtigsten deutschen Kriminalromanautoren. In seinen Büchern verbindet er eine spannende Handlung mit einer genauen Beschreibung der deutschen Wirklichkeit.

Da hilft nur noch Beten
(thriller 2883)

Blut will der Dämon
(thriller 3091)

Feuer für den Großen Drachen
(thriller 2672)
Kreuzberger Nächte: Liebe, Ku-Klux-Klan und Graue Wölfe...

Unfaßbar für uns alle
(thriller 3174)
Kommissar Mannhardt ist der organisierten Kriminalität auf der Spur.

Ich wollte, es wäre Nacht
(thriller 2951)

Mitunter mörderisch
Kriminalstories
(thriller 2383)

Ein Toter führt Regie
(thriller 2312)
Ein Selbstmörder rächt sich an den Lebenden, die ihn gequält haben...

rororo thriller

Ein Mann fürs Grobe
(thriller 43246)

-ky / -ky & Co.
Zu einem Mord gehören zwei. Es reicht doch, wenn einer stirbt. Die Klette
(thriller 3157)

«-ky ist die Nummer eins unter Deutschlands Krimischreibern.»
NDR

rororo thriller werden herausgegeben von Bernd Jost. Ein Gesamtverzeichnis der Reihe finden Sie in der *Rowohlt Revue*. Vierteljährlich neu. Kostenlos in Ihrer Buchhandlung.

3014/4

Hansjörg Martin

«**Hansjörg Martin** ist eine Person von historischer Bedeutung. Was Raymond Chandler für die amerikanische Kriminalliteratur war, ist er für die deutsche geworden: man kann ihn ohne jeden Zweifel als ihren Vater betrachten. Sein Roman *Gefährliche Neugier* löste 1965 ein Genre aus, das man lange danach den neuen, den modernen deutschen Kriminalroman nannte.»
Rudi Kost in «Schwarze Beute»

Wotan weint und weiß von nichts
(thriller 2386)

Blut ist dunkler als rote Tinte
(thriller 2190)

Gefährliche Neugier. Kein Schnaps für Tamara. Einer fehlt beim Kurkonzert
(thriller 2972)

Gute Messer bleiben lange scharf *Kriminalstories*
(thriller 2635)

Der Rest ist Sterben
(thriller 2900)
Schwester Cosima ist eine allseits beliebte Person mit untadeligem Lebenswandel. Deswegen trifft es alle wie ein Schock, als man sie erdrosselt in ihrer Wohnung findet...

Apollonia muß sterben
(thriller 3023)

Einer fehlt beim Kurkonzert
(thriller 2109)

Kein Schnaps für Tamara
(thriller 2086)

Rechts hinter dem Henker
(thriller 2167)

Das Zittern der Tenöre
(thriller 2618)

Süßer Tod
(thriller 2877)
Direktor Hebestreit ist entsetzt. In seiner Viehzuchtgenossenschaft findet man eine Leiche. Und gerade jetzt kann er schlechte Publicity nicht gebrauchen...

Schwarzlay und die Folgen
(thriller 2303)

rororo thriller

rororo thriller werden herausgegeben von Bernd Jost. Ein Gesamtverzeichnis der Reihe finden Sie in der *Rowohlt Revue*. Vierteljährlich neu. Kostenlos in Ihrer Buchhandlung.

3015/3